Moderne Verfahren der Kostenrechnung

Kostenauflösung; Maschinenstundensatz-, Plankosten-, Deckungsbeitrags- und Fixkostendeckungs-Rechnung; Selbstkostenkalkulation; Verrechnung von Innenleistungen

Prof. Dipl.-Kfm. Günter Wolfstetter

4., neu bearbeitete und ergänzte Auflage

Centaurus-Verlagsgesellschaft
Pfaffenweiler 1993

Die Deutsche Bibliothek – CIP-Einheitsaufnahme

Wolfstetter, Günter:
Moderne Verfahren der Kostenrechnung : Kostenauflösung,
Maschinenstundensatz-, Plankosten-, Deckungsbeitrags- und
Fixkostendeckungs-Rechnung, Selbstkostenkalkulation,
Verrechnung von Innenleistungen / Günter Wolfstetter. – 4.,
neu bearb. und erg. Aufl. – Pfaffenweiler : Centaurus-Verl.-
Ges., 1993
 ISBN 3-89085-865-1
NE: GT

Alle Rechte, insbesondere das Recht der Vervielfältigung und Verbreitung sowie der Übersetzung, vorbehalten. Kein Teil des Werkes darf in irgendeiner Form (durch Fotokopie, Mikrofilm oder ein anderes Verfahren) ohne schriftliche Genehmigung des Verlages reproduziert oder unter Verwendung elektronischer Systeme verarbeitet, vervielfältigt oder verbreitet werden.

© *CENTAURUS-Verlagsgesellschaft mit beschränkter Haftung, Pfaffenweiler 1993*

Satz: Centaurus-Satz
Druck: Difo-Druck GmbH, Bamberg

Vorwort zur dritten Auflage

Auch die zweite Auflage des vorliegenden Buches hat durchweg eine freundliche Aufnahme gefunden.

In vielen Fachgesprächen wurde immer wieder der Wunsch geäußert, Deckungsbeitragsrechnung, Fixkostendeckungsrechnung und insbesondere die teilflexible Vollplankostenrechnung ausführlicher darzustellen.

Ich bin diesen Anregungen gefolgt und habe die entsprechenden Kapitel neu gefaßt. Maschinenstundensatzrechnung und Kostenauflösung wurden wie bisher intensiv behandelt. Außerdem wurde erstmalig das Kapitel "Möglichkeiten der Verrechnung von Innenleistungen" angefügt.

Wieder war die Absicht, eine in sich geschlossene und verständliche Darstellung in übersichtlicher, straffer und praxisnaher Form zu geben.

Um den Studenten an Universitäten und Fachhochschulen sowie der Wirtschaftspraxis eine vertiefende Behandlung des Stoffes zu ermöglichen, sind der Veröffentlichung ausgewählte Literaturhinweise beigegeben.

Für Anregungen, Hinweise usw. wäre ich dankbar.

Zur vierten Auflage

Auch die dritte Auflage hat Anerkennung gefunden, so daß schon nach knapp zwei Jahren die vierte Auflage vorgelegt werden kann.

Diese Auflage ist überarbeitet, aktualisiert und ergänzt worden. Dabei bin ich von Anregungen ausgegangen, die mir in verschiedenen Veranstaltungen Fachleute und Studenten gegeben haben.

Ich hoffe, daß damit *Moderne Verfahren der Kostenrechnung* noch leichter in die betriebliche Praxis übernommen werden können.

Für Anregungen, Hinweise usw. bin ich auch weiterhin dankbar.

Der Verfasser

Inhaltsverzeichnis

Textziffer

Erstes Kapitel: Methoden der Kostenauflösung

A. *Einführung*
   I. Bedeutung der Kostenauflösung   1
   II. Kostencharakter   2 ff.
   III. Kostenverlauf   8, 9

B. *Methoden*
   I. Übersicht   10 ff.
   II. Buchtechnisch-statistische Methode   16 ff.
   III. Rechnerische (mathematische) Methode   22 ff.
   IV. Grafische Methode   25 ff.
   V. Methode der kleinsten Quadrate   28, 29
   VI. Methode der Reihenhälften   30, 31

C. *Darstellung des fixen und proportionalen Anteils an den unterproportionalen Kosten*
   I. Übersicht   32
   II. Absolute Zahlen   33
   III. Reagibilitätsgrad   34
   IV. Variator   35
   V. Beispiel   36 ff.

D. *Übungen*
   I. Ausgangsdaten   40
   II. Buchtechnisch-statistische Methode   41
   III. Rechnerische (mathematische) Methode   42
   IV. Grafische Methode   43
   V. Methode der kleinsten Quadrate   44
   VI. Methode der Reihenhälften   45
   VII. Darstellung des fixen und proportionalen Anteils an den unterproportionalen Kosten   46

Zweites Kapitel: Maschinenstundensatz-Rechnung

A. *Herkömmliche Zuschlagskalkulation*
   I. Aufbau   47
   II. Mangel   48, 49

B. **Wesen der Maschinenstundensatz-Rechnung (MSR)**
  I. Vorgehen — 50 ff.
  II. Maschinenstundensatz — 54 ff.

C. **Vorteile der MSR**
  I. Verursachungsgerechte Kostenbelastung — 58
  II. Einfachere Abrechnung der Rest-Fertigungsgemeinkosten — 59
  III. Verringerung der Zahl der Fertigungskostenstellen — 60
  IV. Zweckmäßige Arbeitsplanung — 61

D. **Ermittlung des Maschinenstundensatzes (MS)**
  I. Bestimmung der Soll-Maschinenzeit — 62 ff.
  II. Feststellung des Wiederbeschaffungswertes — 66 ff.
  III. Ermittlung der Nutzungsdauer — 69, 70
  IV. Errechnung der maschinenabhängigen Kosten — 71 ff.

E. **Einfluß der Vorgabezeit auf die Höhe des MS**
  I. Auswirkungen — 95
  II. Zeitgrad — 96, 97
  III. Kalkulation der maschinenabhängigen Kosten/Auftrag — 98, 99

F. **Stundensatz bei zweischichtiger Auslastung des Betriebes** — 100 ff.

G. **Kosten der nicht genutzten Kapazität** — 103 ff.

H. **Einfluß der MSR auf die Betriebsabrechnung** — 107, 108

I. **Kalkulation der Fertigungskosten** — 109

J. **Maschinenbelegung** — 110 ff.

K. **Übungen**
  I. Ermittlung des MS — 113
  II. Maschinenbelegung — 114

L. **Formelsammlung** — 115

Drittes Kapitel: Teilflexible Vollplankosten-Rechnung

A. **Einführung**
  I. Wesen — 116 ff.
  II. Plandaten — 121
  III. Inhalt — 122, 123
  IV. Kostenstellenbildung — 124, 125

V. Vorgabekosten	126 ff.
VI. Planbeschäftigung	131 ff.
VII. Bezugsgröße	136 ff.
VIII. Anspannungsgrad	144 ff.

B. Durchführung
I. Stellenrechnung	148 ff.
II. Trägerrechnung	163 ff.
III. Buchführung	170, 171
IV. Beispiel	172 ff.

C. Bedeutung der Wahl der Planbeschäftigung	178 ff.

D. Abweichungs-Methoden
I. Wesen	185
II. Beispiel	186 ff.

E. Übungen	189 ff.

F. Begriffe und Formeln	192

Viertes Kapitel: Deckungsbeitragsrechnung

A. Einführung
I. Kritik an der Vollkostenrechnung	193 ff.
II. Blockkostenrechnung	196

B. Durchführung
I. Absoluter Deckungsbeitrag	197 ff.
II. Prozentualer Deckungsbeitrag	200, 201
III. Relativer Deckungsbeitrag	202 ff.
IV. Erfolgsermittlung	206 ff.
V. Deckungsbeitragskalkulation	210 ff.

C. Übungen
I. Deckungsmengen	213
II. Periodenergebnis	214

Fünftes Kapitel: Fixkostendeckungsrechnung

A. *Aufgabe* 215

B. *Gliederung der Fixkosten unter dem Gesichtspunkt der Zurechenbarkeit*
    I. Voraussetzungen 216
    II. Fixkostenschichten 217
    III. Durchführung 218, 219
    IV. Vor- und Nachteile 220

C. *Weitere Gesichtspunkte zur Gliederung der Fixkosten*
    I. Liquidität 221
    II. Abbaufähigkeit 222

D. *Übungen*
    I. Ergebnisrechnung 223
    II. Kalkulation 224

Sechstes Kapitel: Errechnung der Selbstkosten mit mehreren Kalkulationsmethoden

A. *Material-Gemeinkosten* 225

B. *Verwaltungs-Gemeinkosten und Fertigungs-Gemeinkosten (Montage)* 226

C. *Fertigungs-Gemeinkosten der Meisterschaften* 227

D. *Vertriebs-Gemeinkosten* 228

E. *Kalkulation* 229

F. *Übung* 230

Siebtes Kapitel: Möglichkeiten der Verrechnung von Innenleistungen

A. *Leistungen* 231

B. *Notwendigkeit der Kostenerfassung* 232

C. **Methoden der Kostenverrechnung**
    I. Übersicht   233
   II. Nullmethode   234, 235
  III. Stellenumlegung   236, 237
  IV. Einzelkostenmethode   238, 239
   V. Einzelkostenmethode in Verbindung mit der
       Stellenumlegung   240 ff.
  VI. Stellenausgleich   243, 244
 VII. Kostenträgermethode   245, 246

D. **Beurteilung der Methoden**   247

E. **Übung**   248

Abbildungsverzeichnis
Abkürzungsverzeichnis
Literaturverzeichnis
Stichwortverzeichnis

Erstes Kapitel: Methoden der Kostenauflösung

Textziffer

A. *Einführung*
I. Bedeutung der Kostenauflösung — 1
II. Kostencharakter
   1. Übersicht — 2, 3
   2. Fixe Kosten — 4
   3. Proportionale Kosten — 5
   4. Unterproportionale Kosten — 6
   5. Überproportionale Kosten — 7
III. Kostenverlauf — 8, 9

B. *Methoden*
I. Übersicht
   1. Verfahren — 10
   2. Stellenindividuelle Auflösung — 11
   3. Kostenbereinigung — 12
   4. Kostenplanung — 13
   5. Klassifizierung — 14
   6. Genauigkeitsgrad — 15
II. Buchtechnisch-statistische Methode
   1. Wesen — 16
   2. Reagibilitätsgrad — 17, 18, 21
   3. Verrechnung in einer Summe — 19
   4. Zerlegung der Kosten — 20
III. Rechnerische (mathematische) Methode
   1. Wesen — 22
   2. Durchführung — 23, 24
IV. Grafische Methode
   1. Wesen — 25
   2. Ermittlung der Fixkosten/Zeitabschnitt — 26
   3. Bestimmung der Proportionalkosten/Beschäftigungseinheit — 27
V. Methode der kleinsten Quadrate
   1. Bedeutung — 28
   2. Durchführung — 29
VI. Methode der Reihenhälften
   1. Bedeutung — 30
   2. Durchführung — 31

C. Darstellung des fixen und proportionalen Anteils
   an den unterproportionalen Kosten
   I. Übersicht 32
   II. Absolute Zahlen 33
   III. Reagibilitätsgrad 34
   IV. Variator 35
   V. Beispiel
      1. Aufgabenstellung 36
      2. Lösung unter Verwendung von absoluten Zahlen 37
      3. Lösung mit Hilfe des Reagibilitätsgrades 38
      4. Lösung unter Berücksichtigung des Variators 39

D. *Übungen*
   I. Ausgangsdaten 40
   II. Buchtechnisch-statistische Methode 41
   III. Rechnerische (mathematische) Methode 42
   IV. Grafische Methode 43
   V. Methode der kleinsten Quadrate 44
   VI. Methode der Reihenhälften 45
   VII. Darstellung des fixen und proportionalen Anteils
        an den unterproportionalen Kosten 46

Erstes Kapitel

Methoden der Kostenauflösung

A. Einführung

I. Bedeutung der Kostenauflösung

Bei Anwendung moderner Verfahren der Kostenrechnung müssen Methoden der Kostenauflösung bekannt sein.

So sind bei Einsatz der Maschinenstundensatzrechnung die fixen und proportionalen Bestandteile an den unterproportionalen Kosten zu ermitteln, wenn z.B. die Kosten der nicht genutzten Kapazität errechnet werden sollen.

Auch in der flexiblen Voll-Plankostenrechnung kann bei der vorgesehenen Ableitung der Sollkosten aus den Basisplankosten auf die Kenntnis der Kostenbestandteile nicht verzichtet werden.

Schließlich müssen bei Anwendung der Deckungsbeitragsrechnung und Fixkostendeckungsrechnung die fixen und proportionalen Elemente vorliegen.

II. Kostencharakter

1. Übersicht

Die verschiedenen Kostenarten sind durch ihren Charakter gekennzeichnet. Vom Kostencharakter ist abhängig, wie sich die Kosten bei Beschäftigungsänderungen verhalten. Wir haben in diesem Zusammenhang fixe Kosten von proportionalen, unter- und überproportionalen Kosten zu unterscheiden:

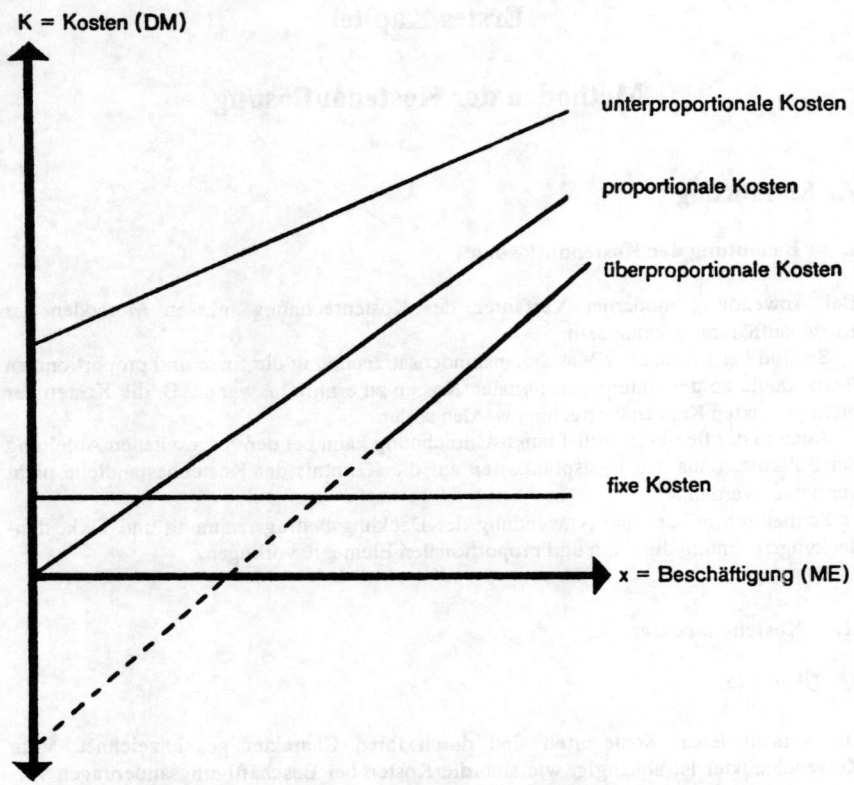

Beziehungen zwischen Kostencharakter und Beschäftigungsänderung

3   Die Darstellung zeigt, daß proportionale, unterproportionale und überproportionale Kosten auf Beschäftigungsänderungen reagieren. Diese Kosten können deshalb unter dem Oberbegriff "Variable (veränderliche) Kosten" zusammengefaßt werden.

2. *Fixe Kosten*

4   Kosten sind in ihrem Charakter nach fix, wenn einer Beschäftigungsänderung keine Kostenänderung folgt. Wenn wir mit (a) die fixen Kosten je Zeitabschnitt ("Achsenabschnitt") bezeichnen, gilt für fixe Kosten die Formel

$$K = a.$$

Fixe Kosten können durch Entscheidung der Unternehmensleitung eine Änderung erfahren. So werden z.B. Versicherungsprämien nach der Kündigung bestehender Verträge nicht mehr anfallen.

3. Proportionale Kosten

Kosten (K) besitzen proportionalen Charakter, wenn sie sich im gleichen Maße wie die Beschäftigung (x) verändern.
Wenn wir unter (b) die proportionalen Kosten je Einheit der Beschäftigung ("Grad der Proportionalität"; "Steigungsmaß") verstehen, lassen sich proportionale Kosten durch die Gleichung

$$K = b \times x$$

darstellen.

4. Unterproportionale Kosten

Wir sprechen von unterproportionalen Kosten, wenn die Kostenänderung hinter der Beschäftigungsänderung zurückbleibt.

Unterproportionale Kosten setzen sich aus einem proportionalen und einem positiven fixen Anteil (a) zusammen. Sie lassen sich durch die Formel

$$K = a + b \times x$$

kennzeichnen.
Die Mehrzahl der Kosten des Industriebetriebes besitzt unterproportionalen Charakter.

5. Überproportionale Kosten

Wenn die Kostenänderung die Beschäftigungsänderung übertrifft, liegen überproportionale Kosten vor.

Überproportionale Kosten bestehen aus einem proportionalen und einem negativen fixen Anteil (= -a = fixer Ertrag). Sie lassen sich durch die Gleichung

$$K = - a + b \times x$$

beschreiben.
Es gibt keine dem Charakter nach *ursprünglich* überproportionalen Kosten. Sie entstehen erst, wenn sich Teile der proportionalen Kosten und vor allen Dingen der unterproportionalen Kosten in Kosten mit überproportionalem Charakter verwandeln.
Beispiele für eine solche Charakteränderung: Mehrverbrauch an Stoffen, erhöhte Reparaturkosten, Überstundenzuschläge usw.

III. Kostenverlauf

8 Der (proportionale, fixe, unter- und überproportionale) *Charakter* ist vom (linearen, progressiven, degressiven und sprunghaften) *Verlauf* der Kosten zu unterscheiden.

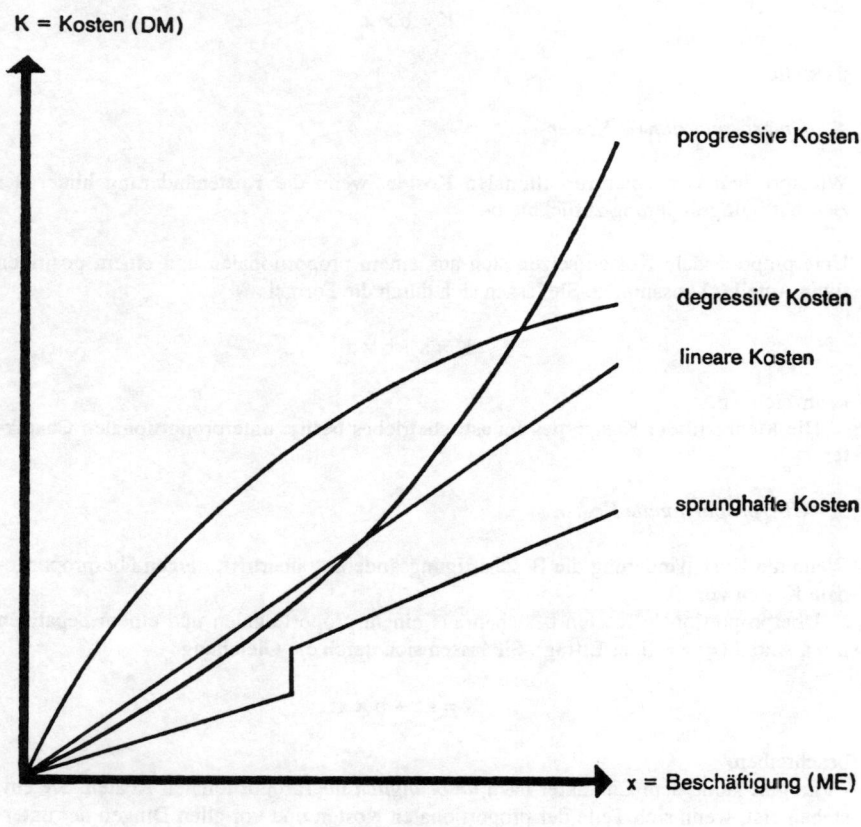

Verlauf der Kosten

In ungewöhnlichen Fällen können die Kosten einen regressiven Verlauf nehmen. Beispiele dazu: Heizkosten in einem Theaterbetrieb; Kosten der Personalwerbung.

9

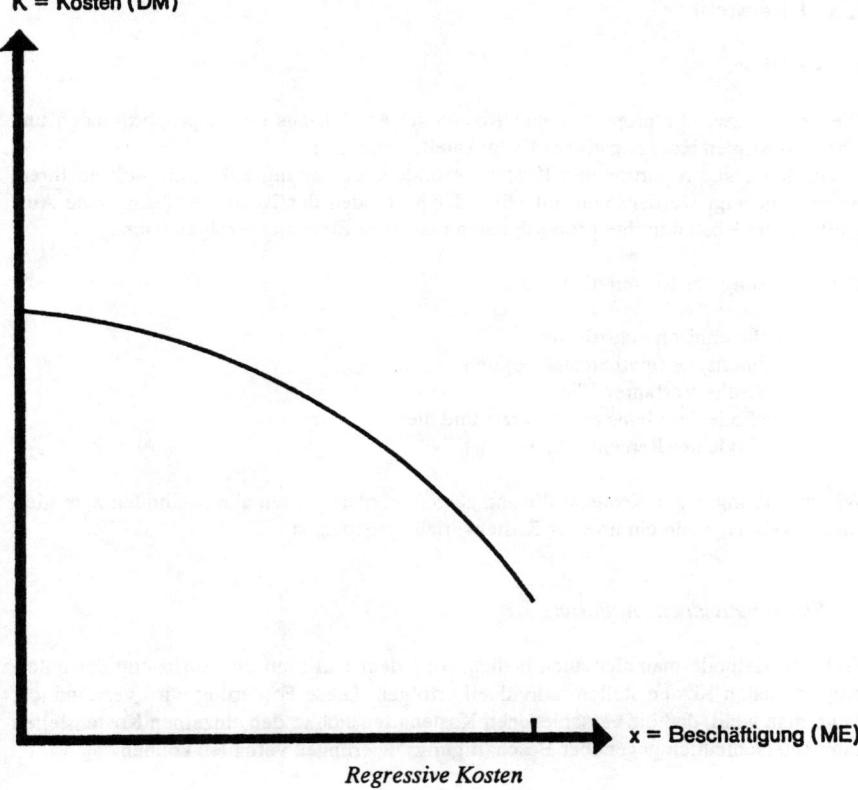

Regressive Kosten

B. Methoden

I. Übersicht

1. Verfahren

10 Die unter- bzw. überproportionalen Kosten setzen sich aus einem proportionalen und einem (positiven bzw. negativen) fixen Anteil zusammen.
Da den unterproportionalen Kosten besondere Bedeutung zukommt, soll an ihrem Beispiel gezeigt werden, wie mit Hilfe der Methoden der Kostenauflösung eine Aufspaltung der Kosten in ihre proportionalen und fixen Elemente erfolgen kann.

Der Auflösung der Kosten dienen das

> buchtechnisch-statistische,
> rechnerische (mathematische) und
> grafische Verfahren, die
> Methode der kleinsten Quadrate und die
> Methode der Reihenhälften.

Wie die Übungen zur Kostenauflösung zeigen werden, führen alle Methoden zum gleichen Ergebnis, wenn ein linearer Kostenverlauf gegeben ist.

2. Stellenindividuelle Auflösung

11 Welcher Methode man sich auch bedient: in jedem Fall muß die Auflösung der unterproportionalen Kosten stellen-individuell erfolgen! Diese Forderung wird verständlich, wenn man weiß, daß die verschiedenen Kostenarten sich in den einzelnen Kostenstellen ganz unterschiedlich gegenüber Beschäftigungsänderungen verhalten können.

3. Kostenbereinigung

12 Die zur Kostenauflösung heranzuziehenden Kostenbeträge müssen eine Bereinigung erfahren.
Das bedeutet, daß die Istkosten von ersichtlichen Fehlkontierungen und um aufgetretene Unwirtschaftlichkeiten zu befreien sind. Dabei ist zu beachten, daß nur der betriebsnotwendige Normal-Verbrauch an Gütern und Diensten zu Kosten führt.
Kosten ergeben sich aus der Multiplikation der verbrauchten (Stoff-, Zeit-) Mengen mit einem Preis. Wenn die zur Zerlegung der unterproportionalen Kosten vorgesehenen Beträge in verschiedenen Zeitabschnitten entstanden sind, ist zu prüfen, ob eine Bewertung der verbrauchten Mengen mit den gleichen Preisen stattgefunden hat. Gegebenenfalls muß eine Umrechnung der Kostenbeträge auf der Grundlage fester Verrechnungspreise erfolgen.

men werden kann, daß in Zukunft die Kosten unter den gleichen Voraussetzungen entstehen werden wie bisher. Diese Vermutung wird hinfällig, wenn die sachlichen Bedingungen wie Programme, Verfahren, Kapazitäten usw. sich ändern.

4. Kostenplanung

Der Betrieb kann auf die beschriebene Kostenbereinigung verzichten, wenn er bei der Kostenauflösung statt auf Istkosten auf Plankosten abstellt. Dieses Vorgehen erfordert eine Planung der unterproportionalen Kosten für mehrere Beschäftigungsgrade und erweist sich damit als sehr aufwendig.

Manchmal ist eine betriebswirtschaftlich sinnvolle Aufteilung in fixe und proportionale Kosten nur in Verbindung mit einer Kostenplanung möglich.

5. Klassifizierung

In der vorliegenden Arbeit sind die Methoden der Kostenauflösung nicht nach statistischen, analytischen Verfahren usw. geordnet geworden, da in Literatur und Praxis diese Begriffe nicht immer mit dem gleichen Inhalt versehen werden, also mißverständlich sind.

6. Genauigkeitsgrad

Bei der Anwendung der Methoden der Kostenauflösung wird grundsätzlich ein linearer Kostenverlauf vorausgesetzt. Diese Unterstellung befindet sich mit der Wirklichkeit nicht immer in Einklang.

In der betrieblichen Praxis hat sich jedoch bestätigt, daß die Prämisse der linearen Kostenfunktion grundsätzlich gerechtfertigt ist. Zumindest für den Mittelteil der Kostenkurven – also im Bereich der in Anspruch genommenen Kapazität – kann i.d.R. ein (annähernd) gradliniger Verlauf unterstellt werden.

Dies läßt den Schluß zu, daß die Ergebnisse der Auflösung grundsätzlich als annehmbare Resultate gelten können.

22 Erstes Kapitel

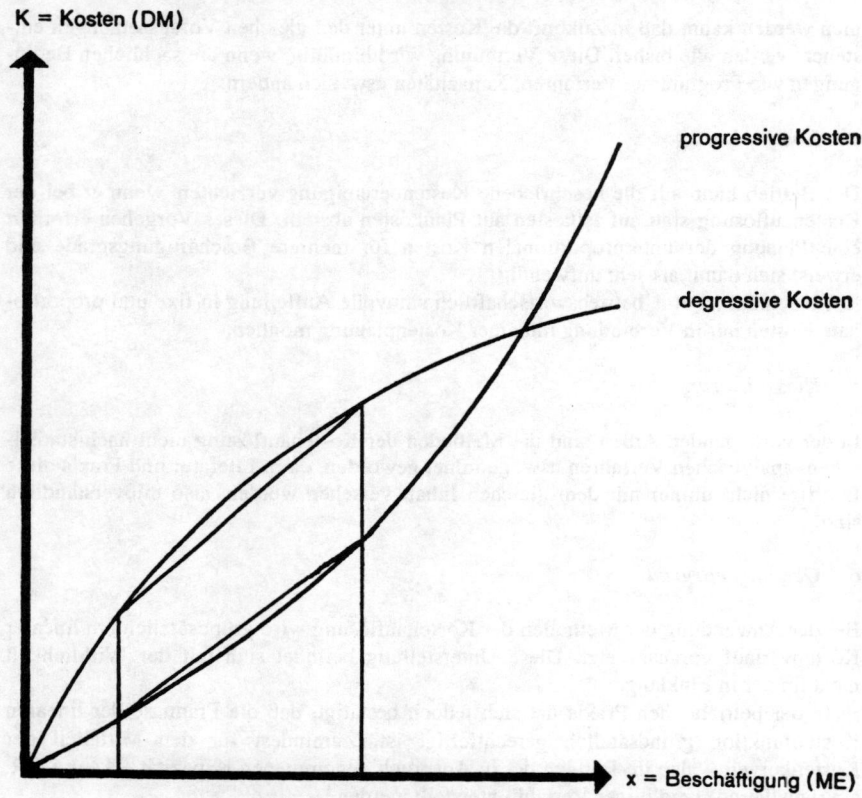

Kostenverlauf im Bereich der in Anspruch genommenen Kapazität

II. Buchtechnisch-statistische Methode

1. Wesen

Nach dieser Methode wird anhand der im Betrieb vorhandenen buchmäßigen Unterlagen zunächst festgestellt, wie sich die verschiedenen Kostenarten bei Änderung der Beschäftigung in der Vergangenheit entwickelt und welche Faktoren auf die Kostenentstehung Einfluß genommen haben. Die Untersuchung deckt die Kostenarten mit unterproportionalen Charakter auf.

Die Weiterbehandlung der unterproportionalen Kosten erfolgt in Abhängigkeit vom Reagibilitätsgrad, der für alle Kostenarten festzulegen ist.

2. Reagibilitätsgrad

Die einzelnen Kostenarten reagieren nicht in gleicher Weise auf Beschäftigungsänderungen. Inwieweit auf die Höhe der Kosten bei Änderung der Beschäftigung Einfluß genommen wird, bringt der Reagibilitätsgrad zum Ausdruck.

Der Reagibilitätsgrad r ist das Verhältnis der prozentualen Kostenänderung (k) der zu untersuchenden Kostenart zur prozentualen Änderung der Beschäftigung (g):

$$\Delta X = X_2 - X_1 \qquad r = \frac{k}{g} \qquad \Delta K = K_2 - K_1$$

$$g = \frac{\Delta X}{X_1} \times 100 \qquad\qquad k = \frac{\Delta K}{K_1} \times 100$$

Kosten, deren Reagibilitätsgrad 1 beträgt, sind ihrem Charakter nach proportional. Bei r = 0 handelt es sich um fixe Kosten. Überproportionale Kosten besitzen einen Reagibilitätsgrad von >1. Bei 0 <r<1 liegen unterproportionale Kosten vor.

Kostenanstieg			Besch.-Anstieg			r =	Charakter
von DM	auf DM	um %	von BG	auf BG	um %	k : g	
20	40	100	20	40	100	1	prop.
20	20	0	20	40	100	0	fix
20	30	50	20	40	100	0,5	unterprop.
20	60	200	20	40	100	2	überprop.

Der Reagibilitätsgrad unterscheidet sich in seinem Wesen nicht vom Variator.

Für die unterproportionalen Kostenarten ist – im Gegensatz zu den proportionalen und fixen Kosten – ein dauerndes oder wenigstens mehrmaliges Ändern des Reagibilitätsgrades nicht ungewöhnlich.

Der Reagibilitätsgrad kann sich ändern, ohne daß damit eine Charakteränderung der Kostenart verbunden sein muß.

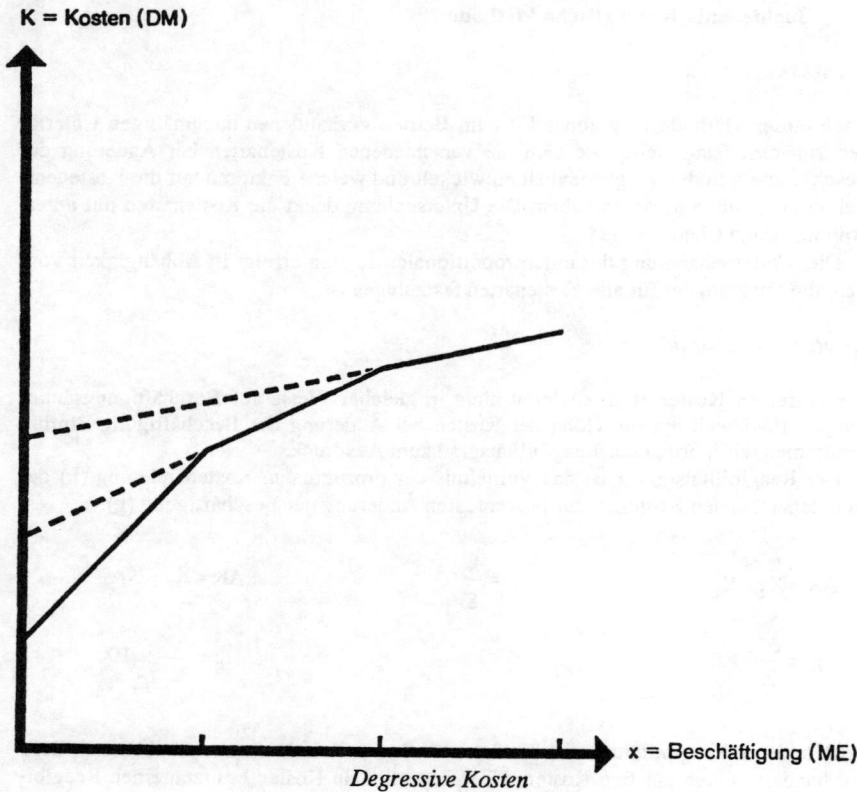

Degressive Kosten

Die in der Abbildung wiedergegebenen Kosten nehmen einen degressiven Verlauf. Im Beispiel hat die laufende Änderung des Reagibilitätsgrades keine Charakteränderung zur Folge. Wie die Zeichnung beweist, besitzen die Kosten über alle Abschnitte der Beschäftigung hinweg unterproportionalen Charakter.

Es ist auch denkbar, daß bei einer Kostenart unter bestimmten Umständen mit der Änderung des Reagibilitätsgrades eine Charakteränderung einhergeht.

So tritt diese Änderung des Charakters beispielsweise auf, wenn Arbeitskräfte über die tarifliche Arbeitszeit hinaus beschäftigt werden, da der vorzunehmenden höheren Entlohnung keine entsprechend größere Leistung gegenübersteht.

Im Beispiel ist mit Änderung des Reagibilitätsgrades eine Charakteränderung verbunden. Die Kosten besitzen zunächst unterproportionalen Charakter, nehmen dann proportionalen Charakter an, um sich schließlich in Kosten mit überproportionalen Charakter zu verwandeln.

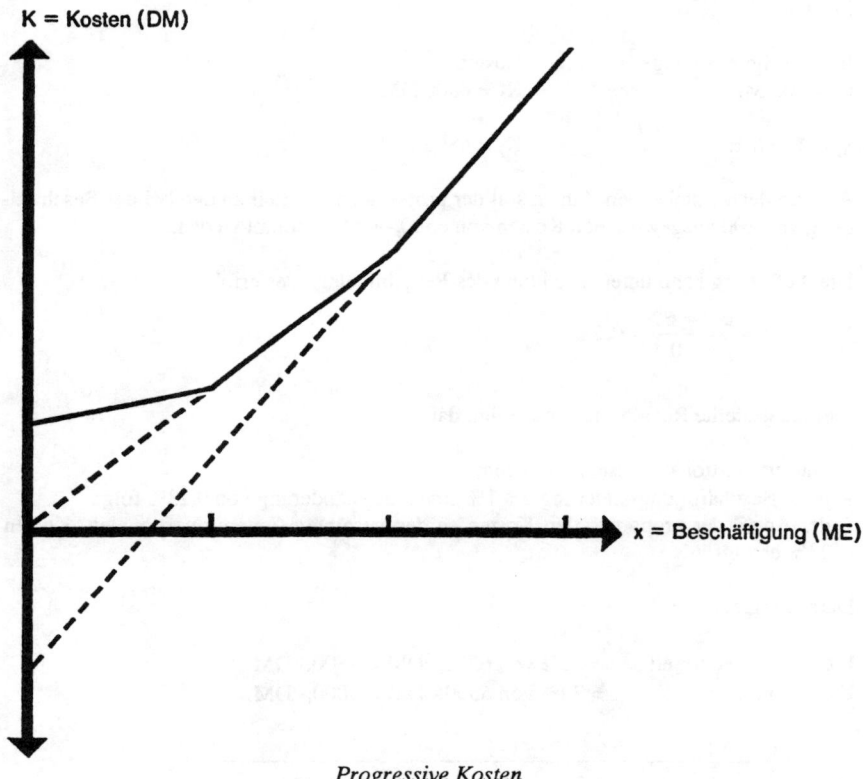

Progressive Kosten

3. Verrechnung in einer Summe

Die als unterproportional erkannten Kosten werden gelegentlich aus Gründen der Arbeitsvereinfachung in voller Höhe den echten fixen oder echten proportionalen Kosten zugerechnet.

Eine Zuweisung zu den proportionalen Kosten erfolgt, wenn der Charakter der Kostenart mehr proportional ist, der Reagibilitätsgrad also nach 1 tendiert. Die unterproportionalen Kosten werden dagegen wie fixe Kosten behandelt, wenn der Anteil der fixen Kosten an den gesamten Kosten deren proportionalen Anteil übersteigt, d.h. der Reagibilitätsgrad nach 0 weist.

4. Zerlegung der Kosten

Dem zuletzt beschriebenen Weg ist eine Auflösung der unterproportionalen Kosten in ihre fixen und proportionalen Kosten vorzuziehen.

Beispiel:

Beschäftigungsmenge   Kosten
x_1 = 100 ME K_1 = 6500 DM

x_2 = 120 ME K_2 = 6800 DM

Anhand der vorstehenden Zahlen soll der proportionale Anteil an den bei der Beschäftigung von 100 ausgewiesenen Kosten von 6500,- DM bestimmt weden.

Die Auflösung kann unter Beachtung des Reagibilitätsgrades erfolgen:

$$r = \frac{k}{g} = \frac{4,6\%}{20\%} = 0,23.$$

21 Der festgestellte Reagibilitätsgrad zeigt, daß

- unterproportionale Kosten vorliegen;
- jeder Beschäftigungsänderung um 1% eine Kostenänderung von 0,23% folgt;
- der Anteil der proportionalen Kosten an den gesamten (unterproportionalen) Kosten 23% beträgt.

Daraus ergibt sich:

Proportionaler Anteil   = 23% von 6500,- DM = 1500,- DM
Fixer Anteil   = 77% von 6500,- DM = 5000,- DM.

Beschäftigungsmenge	Kosten DM		
	fix	prop.	ges.
x_1 = 100 ME	5000	1500	6500
x_2 = 120 ME	5000	1800	6800

III. Rechnerische (mathematische) Methode

1. Wesen

22 Bei der rechnerischen Methode der Kostenauflösung geht man davon aus, daß die zwischen zwei Beschäftigungspunkten bestehenden Differenzkosten proportionalen Charakter besitzen. Diese Unterstellung befindet sich mit der Wirklichkeit oft nicht in Einklang.

Der mathematischen Kostenauflösung entspricht die in der amerikanischen Literatur beschriebene "High-Low-Points-Method".

Die rechnerische Methode ist nur ein andere Darstellungsform des grafischen Verfahrens der Kostenauflösung.

2. Durchführung

Im folgenden *Beispiel* sollen die bei einer Beschäftigungsmenge von x_2 vorhandenen Gesamtkosten von K_2 in einen fixen und in einen proportionalen Anteil aufgelöst werden.

Beschäftigungsmenge	Kosten
x_1 = 90 ME	K_1 = 80 400,- DM
x_2 = 100 ME	K_2 = 85 600,- DM

Lösung:
Aus der Differenz der bei zwei Beschäftigungspunkten vorhandenen Kosten sind zunächst die Differenzkosten ΔK zu errechnen:

$$\Delta K = K_2 - K_1 = 5200,- DM$$

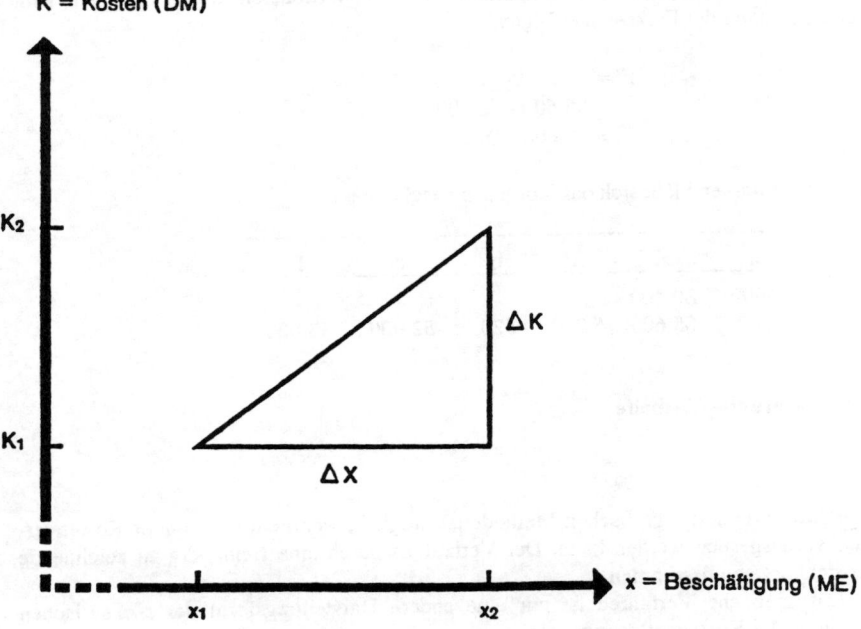

Beschäftigungszuwachs/Kostenzuwachs

Anschließend ist ΔK auf den Beschäftigungszuwachs

$$\Delta x = x_2 - x_1 = 10 \text{ ME}$$

zu beziehen.
Als Ergebnis erhält man die Einheitsdifferentialkosten ("Grenzkosten"; prop. Satz"):

$$b = \frac{\Delta K}{\Delta x} = 520,- \text{ DM/ME}$$

Da die Differenzkosten proportionalen Charakter besitzen, sind mit b die proportionalen Kosten je Beschäftigungseinheit gegeben.
Bei einer Beschäftigung von 100 ME betragen somit die gesamten proportionalen Kosten:

$$\begin{aligned} P_2 &= b \times x_2 \\ &= 520 \times 100 \\ &= 52\,000,- \text{ DM} \end{aligned}$$

Da nunmehr die Gesamtkosten und die gesamten proportionalen Kosten vorliegen, kann die Ermittlung der Fixkosten erfolgen:

$$\begin{aligned} F &= K_2 - P_2 \\ &= 85\,600 - 52\,000 \\ &= 33\,600,- \text{ DM} \end{aligned}$$

24 Zusammenfassend läßt sich das Vorgehen beschreiben:

x	K	ΔK	b	P	F
90	80 400	-	-	-	-
100	85 600	5 200	520	52 000	33 600

IV. Grafische Methode

1. Wesen

25 Die Anwendung der grafischen Methode ist möglich, wenn ein bestimmter Kostenverlauf vorausgesetzt werden kann. Der Verlauf ist durch eine freihändig zu zeichnende Kostenkurve zu bestimmen.
Das grafische Verfahren ist nur eine andere Darstellungsform der rechnerischen Methode der Kostenauflösung.

2. Ermittlung der Fixkosten/Zeitabschnitt

In der folgenden Tabelle sind für die Monate Januar bis Dezember eines Jahres die in Abhängigkeit von den gefahrenen Maschinenstunden angefallenen Reparaturkosten genannt:

Monat	Stunden	Kosten	Monat	Stunden	Kosten
Januar	200	360	Juli	140	250
Februar	180	300	August	150	260
März	160	275	September	155	275
April	165	310	Oktober	195	330
Mai	170	320	November	185	320
Juni	175	300	Dezember	190	310

In der Abbildung werden die ausgewiesenen Kosten in ein Koordinatensystem (Streupunktdiagramm; statistisches Streubild) eingetragen.

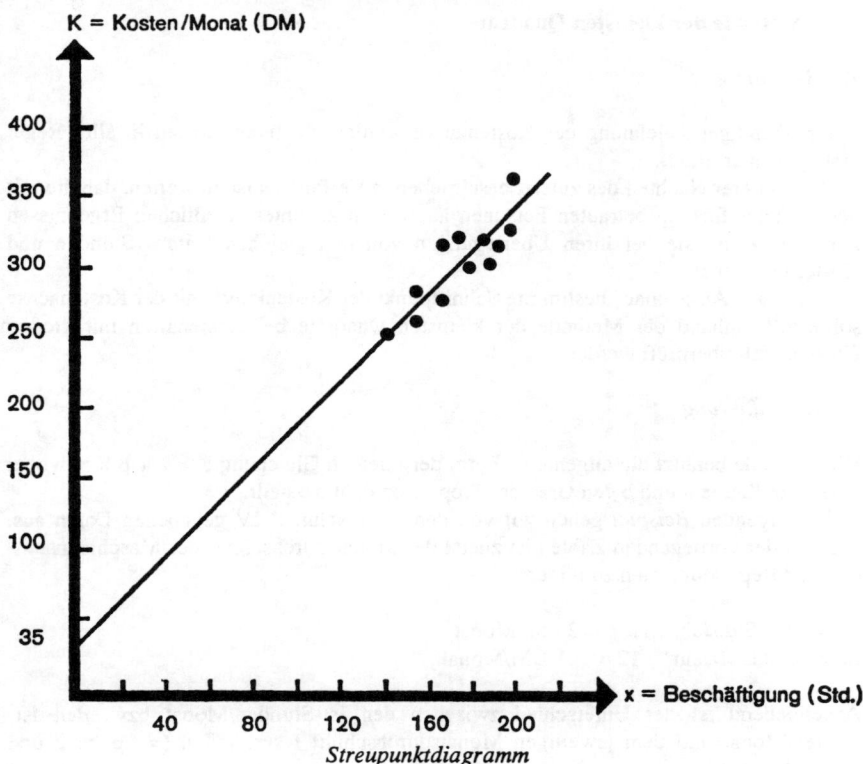

Streupunktdiagramm

Die Darstellung macht deutlich, daß sich die Kostenpunkte um eine gerade Linie = Kostenkurve gruppieren lassen. Diese Linie ist freihändig so zu zeichnen, daß die Abweichungen der Punkte von der Kurve möglichst gering bleiben.
Der Schnittpunkt der Kostenkurve mit der Kostenachse gibt die Höhe des Fixkostenanteils an. Im vorliegenden Beispiel schneidet die freihändig gezeichnete Gerade die K-Achse bei 35 DM.

3. Bestimmung der Proportionalkosten/Beschäftigungseinheit

27   Die fixen Kosten sind mit 35,- DM je Monat festgelegt. Damit betragen die Fixkosten je Jahr 420,- DM.
Da die während des Jahres angefallenen Reparaturkosten mit 3610,- DM bekannt sind, können die proportionalen Kosten je Jahr mit (3610 - 420 =) 3190,- DM errechnet werden. Die proportionalen Kosten je Maschinenstunde belaufen sich damit auf (3190,- DM/Jahr : 2065,- Std./Jahr =) 1,54 DM/MStd.

V.   Methode der kleinsten Quadrate

1. Bedeutung

28   Bei freihändiger Zeichnung der Kostenkurve werden die fixen Kosten in aller Regel nicht genau ermittelt.
Als weiterer Nachteil des zuletzt beschriebenen Verfahrens ist zu werten, daß die mit der Kostenauflösung betrauten Personen auch dann zu unterschiedlichen Ergebnissen kommen, wenn sie bei ihren Überlegungen von den gleichen Daten (Stunden und Kosten) ausgehen.
Der "nach Augenmaß" bestimmte Schnittpunkt der Kostenkurve mit der Kostenachse sollte z.B. anhand der Methode der kleinsten Quadrate bei Kostenarten mit großem Kostenanfall überprüft werden.

2. Durchführung

29   Die Methode benutzt die allgemeine Form der linearen Gleichung $K = a + b \times x$, wobei a das fixe Element und b den Grad der Proportionalität darstellt.
Im folgenden *Beispiel* gehen wir von den in Abschn. B IV gegebenen Daten aus. Anhand der vorliegenden Zahlen ist zuerst der Monatsdurchschnitt der Maschinenstunden und Reparaturkosten zu bilden:

x = 2065 Std./Jahr : 12 = 172 Std./Monat
K = 3610 DM/Jahr : 12 = 301 DM/Monat.

Anschließend ist der Unterschied zwischen den Ist-Stunden/Monat bzw. den Ist-Kosten/Monat und dem jeweiligen Monatsdurchschnitt festzustellen (= Spalte 2 und Spalte 4).

Methoden der Kostenauflösung

Danach sind die Abweichungen der Ist-Stunden/Monat von den durchschnittlichen Stunden/Monat (Spalte 2) zu quadrieren (= Spalte 5).

Als nächstes sind die Abweichungen der Ist-Stunden/Monat vom Monatsdurchschnitt (Spalte 2) mit den Abweichungen der Ist-Kosten/Monat von den durchschnittlichen Kosten je Monat (Spalte 4) zu multiplizieren (= Spalte 6).

1	2	3	4	5	6
Stunden	u	Kosten	v	u^2	$u \times v$
200	+28	360	+59	784	+1652
180	+ 8	300	- 1	64	- 8
160	-12	275	-26	144	+ 312
165	- 7	310	+ 9	49	- 63
170	- 2	320	+19	4	- 38
175	+ 3	300	- 1	9	- 3
140	-32	250	-51	1024	+1632
150	-22	260	-41	484	+ 902
155	-17	275	-26	289	+ 442
195	+23	330	+29	529	+ 667
185	+13	320	+19	169	+ 247
190	+18	310	+ 9	324	+ 162
2065	-	3610	-	3873	5904

Die proportionalen Kosten je Maschinenstunde erhalten wir, wenn wir die Summe der Spalte 6 auf die Summe der Spalte 5 beziehen:

$$b = \frac{\Sigma \ (u \times v)}{\Sigma \ u^2} = \frac{5904}{3873} = 1,52 \ \text{DM / Std.}$$

Die Auflösung der Gleichung $\quad K = a + b \times x$ nach a führt zu

$$a = K - b \times x.$$

Da die Größen K (301), x (172) und b (1,52) bekannt sind, beträgt das fixe Element:

$$a = 301 - 1,52 \times 172$$
$$= 301 - 261,45$$
$$a = 39,55 \ \text{DM/Monat.}$$

VI. Methode der Reihenhälften

1. Bedeutung

30 Da die Anwendung des Verfahrens mit nur geringem Aufwand und ohne Schwierigkeiten erfolgen kann, ist zu vermuten, daß die Methode der Reihenhälften zunehmend Eingang in die betriebliche Praxis findet.

2. Durchführung

31 Auch diese Methode benutzt die Gleichung einer Geraden $K = a + b \times x$, in der a die Fixkosten/Zeitabschnitt und b die Proportionalkosten/Beschäftigungseinheit wiedergibt.

Im nachstehenden Beispiel soll die Kostenauflösung anhand der in den Monaten Januar bis Dezember eines Jahres angefallenen Kosten vorgenommen werden.

Monat	Stunden	Kosten	Monat	Stunden	Kosten
Januar	152	424	Juli	178	478
Februar	172	470	August	176	476
März	160	444	September	168	456
April	168	461	Oktober	176	472
Mai	174	468	November	160	440
Juni	180	482	Dezember	160	446

Dazu müssen zunächst zwei Reihenhälften gebildet werden. Beide Hälften führen die Beschäftigungsmengen in aufsteigender Folge an. Bei der Darstellung ist zu beachten, daß die erste Reihenhälfte mit der niedrigsten Menge beginnen und die zweite Hälfte mit der höchsten Beschäftigungsmenge enden muß. Den ausgewiesenen Mengen sind die zugehörigen Kosten gegenüberzustellen.

Stunden x_1	:	152	160	160	160	168	168
Kosten K_1	:	424	440	444	446	456	461
Stunden x_2	:	172	174	176	176	178	180
Kosten K_2	:	470	468	472	476	478	482

Danach ist das arithmetische Mittel der Stunden und Kosten für beide Reihenhälften zu errechnen:

$$\overline{x_1} = 968 : 6 = 161{,}33 \text{ Std.}$$
$$\overline{K_1} = 2671 : 6 = 445{,}16 \text{ DM}$$
$$\overline{x_2} = 1056 : 6 = 176{,}00 \text{ Std.}$$
$$\overline{K_2} = 2846 : 6 = 474{,}33 \text{ DM}$$

Anschließend können durch Einsetzen der zuletzt ermittelten Größen in die Gleichung K = a + b × x die proportionalen Kosten einer Beschäftigungseinheit festgestellt werden.

$$\overline{K_2} = a + b \times \overline{x_2}$$
$$-\overline{K_1} = a + b \times \overline{x_1}$$

$$474{,}33 = a + b \times 176{,}00$$
$$-445{,}16 = a + b \times 161{,}33$$

$$29{,}17 = b \times 14{,}67$$

$$b = \frac{29{,}17}{14{,}67} = 1{,}99 \text{ DM / Std.}$$

Die Auflösung der Kostengleichung nach a führt zu fixen Kosten von

$$a = \overline{K_1} - b \times \overline{x_1} = 445{,}16 - 1{,}99 \times 161{,}33 = 124{,}10 \text{ DM/Monat}$$

oder

$$a = \overline{K_2} - b \times \overline{x_2} = 474{,}33 - 1{,}99 \times 176 = 124{,}10 \text{ DM/Monat.}$$

C. Darstellung des fixen und proportionalen Anteils an den unterproportionalen Kosten

I. Übersicht

32 Den Kosten mit unterproportionalen Charakter kommt besondere Bedeutung zu, da die Mehrzahl der Kosten des Industriebetriebes aus einem proportionalen und einem positiven fixen Anteil zusammengesetzt ist.

Das auf dem Wege der Kostenauflösung *festgestellte* Verhältnis zwischen dem proportionalen und fixen Bestandteil einer Kostenart kann

> in absoluten Zahlen,
> mit Hilfe des Reagibilitätsgrades
> oder durch den Variator

dargestellt werden.

II. Absolute Zahlen

33 Bei dieser Form der Darstellung werden die fixen Kosten je Zeitabschnitt und die proportionalen Kosten je Bezugsgrößeneinheit ausgewiesen.

Beispiel:
In Abschnitt B, V sind die Fixkosten mit 39,55 DM/Monat und die Proportionalkosten mit 1,52 DM/Stunde genannt.

III. Reagibilitätsgrad

34 Unterproportionale Kosten sind durch einen Reagibilitätsgrad von $0 < r < 1$ gekennzeichnet.

Beispiel:
In B, II wurde durch einen Reagibilitätsgrad von $r = 0,23$ der Anteil der proportionalen Kosten mit 23% und der Anteil der fixen Kosten mit 77% dargestellt.

IV. Variator

35 Der Variator unterscheidet sich in seinem *Wesen* nicht vom Reagibilitätsgrad.
  Während der Reagibilitätsgrad die bei einer Beschäftigungsänderung von 1% eintretende prozentuale Kostenänderung anzeigt, gibt der Variator die prozentuale Kostenänderung für den Fall einer Beschäftigungsänderung von 10% wieder.
  Einem Reagibilitätsgrad von 0,6 steht damit ein Variator von 6 gegenüber.
  Variator und Reagibilitätsgrad gelten nur für die jeweils angenommene Beschäftigung.

Wie die Abbildung zeigt, muß bei einer Planbeschäftigung von $B_pI = 6000$ Masch.-Stunden der Variator mit $V_1 = 6$ angegeben werden, da 60% der Gesamtkosten von 1.000,- DM proportionalen Charakter besitzen.

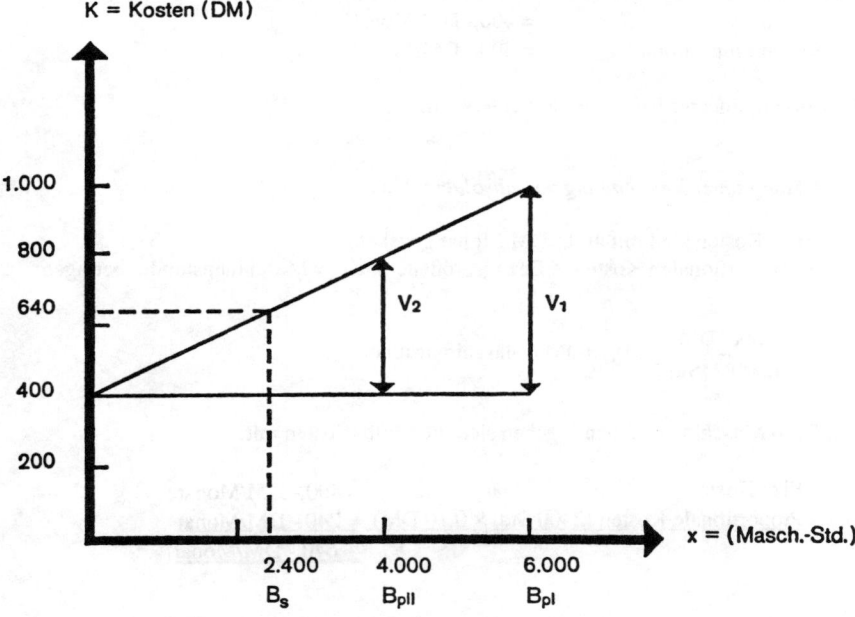

Bestimmung des Variators

Wird dagegen die Planbeschäftigung mit $B_pII = 4000$ Masch.-Stunden angenommen, so sind an den Gesamtkosten von 800,- DM die proportionalen Kosten nur mit 50% = 400,- DM beteiligt. Der Variator ist folglich mit $V_2 = 5$ auszuweisen.

Da jede Änderung der Planbeschäftigung eine Neubestimmung der Variatoren erfordert, finden diese heute kaum noch Verwendung.

V. Beispiel

1. Aufgabenstellung

Es sind (Soll-)Kosten zu errechnen.
Dabei ist von folgenden Daten auszugehen:

Planbezugsgröße = 6000 Maschinenstunden/Monat
Sollbezugsgröße = 2400 Maschinenstunden/Monat

Kosten bei Planbeschäftigung = 1000,- DM/Monat
  davon fix = 400,- DM/Monat
  davon proportional = 600,- DM/Monat

Es wird ein linearer Kostenverlauf unterstellt.

2. Lösung unter Verwendung von absoluten Zahlen.

37 Die fixen Kosten sind mit 400,- DM/Monat gegeben.
Die proportionalen Kosten je Bezugsgrößeneinheit (= Maschinenstunde) betragen:

$$\frac{600 (DM)}{6000 (MStd.)} = 0,10 \, DM \, / \, Maschinenstunde.$$

Bei 2400 Maschinenstunden ergeben sich die (Soll-)Kosten mit:

Fixe Kosten = 400,- DM/Monat
Proportionale Kosten (2400 Std. × 0,10 DM) = 240,- DM/Monat
                                                               640,- DM/Monat

3. Lösung mit Hilfe des Reagibilitätsgrades

38 Bei Planbeschäftigung sind die proportionalen Kosten an den Gesamtkosten mit 60% beteiligt. Der Reagibilitätsgrad beträgt somit r = 0,6.

Der Ausnutzungsgrad wird ermittelt aus

$$\frac{B_s}{B_p} \times 100. \text{ Er beträgt } \frac{2400}{6000} \times 100 = 40 \, \%.$$

Damit liegt eine Beschäftigungsänderung von (100% - 40% =) 60% vor.
Eine Beschäftigungsänderung von 1% führt zu einer prozentualen Kostenänderung von 0,6%. Die insgesamt zu beobachtende prozentuale Kostenänderung beträgt somit:

$$60 \times 0,6\% = 36\%.$$

Dieser prozentualen Änderung entspricht eine Kostenänderung von (36% von 1000,- DM =) 360,- DM.
Für B_s = 2400 Stunden lassen sich die Sollkosten errechnen mit:

Kosten bei Planbeschäftigung	=	1.000,- DM/Monat
. /. eingetretene Kostenänderung	=	360,- DM/Monat
		640,- DM/Monat

4. Lösung unter Berücksichtigung des Variators

Der Anteil der proportionalen Kosten an den bei Planbeschäftigung vorliegenden gesamten Kosten macht 60% aus. Der Variator beträgt V = 6.

Ausnutzungsgrad   = 40%
Beschäftigungsänderung   = 60%

Eine Beschäftigungsänderung von 10% führt zu einer Kostenänderung von 6%. Die prozentuale Kostenänderung liegt somit bei 6 × 6% = 36%. Dieser Änderung entspricht eine Kostenänderung von (36% von 1000,- DM =) 360,- DM/Monat.

Die bei B_s = 2400 Maschinenstunden anfallenden Sollkosten ergeben sich folglich mit (1000,- . /. 360,- DM =) 640,- DM/Monat.

D. Übungen

I. Ausgangsdaten

40 Bei allen Übungen wird auf die in der folgenden Tabelle ausgewiesenen Daten zurückgegriffen.

Der Ergebnisvergleich zeigt, daß bei dem gegebenen linearen Kostenverlauf stets die fixen Kosten mit 50,- DM/Monat und die proportionalen Kosten mit 2,- DM/ME bestimmt worden sind.

Beschäftigungsmenge	Kosten
120 ME/Monat	290,- DM/Monat
140 ME/Monat	330,- DM/Monat
160 ME/Monat	370,- DM/Monat
180 ME/Monat	410,- DM/Monat
130 ME/Monat	310,- DM/Monat
150 ME/Monat	350,- DM/Monat
170 ME/Monat	390,- DM/Monat
190 ME/Monat	430,- DM/Monat
Σ 1240 ME	Σ 2880,- DM

II. Buchtechnisch-statistische Methode

41 *Aufgabe:*
Es ist der fixe und proportionale Anteil an den unterproportionalen Kosten zu errechnen.

Beschäftigungsmenge	Kosten
x_1 = 160 ME/Monat	K_1 = 370,- DM/Monat
x_2 = 180 ME/Monat	K_2 = 410,- DM/Monat

Lösung:

$$r = \frac{k}{g} = \frac{10,8108\%}{12,5\%} = 0,864864$$

86,4864% von 370,- DM/Monat= 320,- DM/Monat
13,5136% von 370,- DM/Monat= 50,- DM/Monat

Beschäftigungsmenge	Kosten		
	F	P	gesamt
x_1 = 160 ME/Monat	50,-	320,-	370,- DM/Monat
x_2 = 180 ME/Monat	50,-	360,-	410,- DM/Monat

$$\text{Prop. Kosten / ME} = \frac{320,- \text{DM / Monat}}{160 \text{ME / Monat}} = 2,- \text{DM / ME}$$

III. Rechnerische (mathematische) Methode

Aufgabe:
Es sind das fixe und das proportionale Element der bei einer Beschäftigungsmenge von 180 gegebenen unterproportionalen Kosten zu ermitteln.

Beschäftigungsmenge	Kosten
x_1 = 160 ME/Monat	K_1 = 370,- DM/Monat
x_2 = 180 ME/Monat	K_2 = 410,- DM/Monat

Lösung:

$$\Delta K = K_2 - K_1 = 410 - 370 = 40,- \text{DM}$$
$$\Delta x = x_2 - x_1 = 180 - 160 = 20 \text{ ME}$$

$$b = \frac{\Delta K}{\Delta x} = \frac{40}{20} = 2,- \text{DM/ME}$$

$$P_2 = b \times x_2$$
$$= 2 \times 180$$
$$= 360,- \text{DM/Monat}$$

$$F = K_2 - P_2$$
$$= 410 - 360$$
$$= 50,- \text{DM/Monat}$$

x	K	ΔK	b	P	F
160	-	-	-	-	-
180	410,-	40,-	2,-	360,-	50,-

IV. Grafische Methode

43 *Aufgabe:*
Anhand der in der Tabelle genannten Daten sind die proportionalen Kosten je Beschäftigungseinheit und die fixen Kosten je Zeitabschnitt festzustellen.

Lösung:
Die Kostenkurve schneidet die Kostenachse bei 50. Das bedeutet, daß die fixen Kosten/Monat 50,- DM betragen.
Die gesamten Fixkosten lassen sich mit (50 × 8 =) 400,- DM bestimmen.
Die gesamten proportionalen Kosten sind mit (2880 - 400=) 2480,- DM zu errechnen.
Die proportionalen Kosten je Beschäftigungseinheit belaufen sich damit auf (2480:1240=) 2,- DM.

V. Methode der kleinsten Quadrate

44 *Aufgabe:*
Unter Verwendung der in der Übersicht gegebenen Daten sind die Fixkosten/Zeitabschnitt und die Proportionalkosten/Beschäftigungseinheit zu bestimmen.

Lösung:

$$K = 2880,- \text{ DM} : 8 = 360,- \text{ DM/Monat}$$
$$x = 1240 \text{ ME} : 8 = 155 \text{ ME/Monat}$$

ME/Monat	K/Monat	u	v	u^2	u×v
120	290	-35	-70	1225	2450
140	330	-15	-30	225	450
160	370	+ 5	+10	25	50
180	410	+25	+50	625	1250
130	310	- 25	-50	625	1250
150	350	- 5	-10	25	50
170	390	+15	+30	225	450
190	430	+35	+70	1225	2450
Σ1240	2880	-	-	4200	8400

$$b = \frac{\Sigma(u \times v)}{\Sigma u^2} = \frac{8400}{4200} = 2,- \text{ DM / ME}$$

$$K = a + b \times x$$
$$a = K - b \times x$$
$$= 360 - 2 \times 155$$
$$= 360 - 310 = 50,- \text{ DM / Monat.}$$

VI. Methode der Reihenhälften

Aufgabe:
Anhand der in der Tabelle genannten Daten sind die Fixkosten/Monat und die Proportionalkosten/Beschäftigungseinheit festzustellen.

Lösung:

x_1	120	130	140	150
K_1	290	310	330	350

x_2	160	170	180	190
K_2	370	390	410	430

$$\bar{x}_1 = 135 \qquad \bar{K}_1 = 320,-$$
$$\bar{x}_2 = 175 \qquad \bar{K}_2 = 400,-$$

$$\bar{K}_2 = a + b \cdot \bar{x}_2$$
$$\underline{-\bar{K}_1 = a + b \cdot \bar{x}_1}$$
$$400 = a + b \cdot 175$$
$$\underline{-320 = a + b \cdot 135}$$
$$80 = \quad b \times 40$$

$$b = \frac{80}{40} = 2,- \text{ DM/ME}$$

$$a = \bar{K}_2 - b \times \bar{x}_2 = 400 - 2 \times 175 = 50,- \text{ DM/Monat}$$
$$a = \bar{K}_1 - b \times \bar{x}_1 = 320 - 2 \times 135 = 50,- \text{ DM/Monat}$$

VII. Darstellung des fixen und proportionalen Anteils an den unterproportionalen Kosten

46 *Aufgabe:*
Anhand der folgenden Daten sollen die Sollkosten unter Verwendung absoluter Zahlen sowie unter Berücksichtigung des Reagibilitätsgrades und des Variators bestimmt werden.

Planbezugsgröße	4000 MStd./Monat
Sollbezugsgröße	2000 MStd./Monat
Kosten bei Planbeschäftigung	6000,- DM/Monat
davon fix	4000,- DM/Monat
davon proportional	2000,- DM/Monat

Es wird ein linearer Kostenverlauf unterstellt.

Lösung:
a) Absolute Zahlen

$$\text{Prop. Kosten / Besch.} - \text{Einheit} = \frac{2000 \, \text{DM}}{4000 \, \text{MStd.}} = 0{,}50 \, \text{DM / Std.}$$

Fixe Kosten	=	4000,- DM/Monat
Prop. Kosten	= 2000 Std. × 0,50 DM/Std. =	1000,- DM/Monat
Sollkosten		5000,- DM/Monat

b) Reagibilitätsgrad

Anteil der proportionalen Kosten an den Gesamtkosten bei Planbeschäftigung = 33,3%

Reagibilitätsgrad somit r = 0,333

$$\text{Ausnutzungsgrad} = \frac{2000 \, \text{Std.}}{4000 \, \text{Std.}} \times 100 = 50\%$$

Beschäftigungsänderung = 50%
Kostenänderung = 50 × 0,333 = 16,65%
Kostenänderung = 16,65% von 6000,- DM = 1000,- DM
Sollkosten = 6000,- DM - 1000,- DM = <u>5000,- DM/Monat</u>

c)   Variator

Anteil der proportionalen Kosten an den Gesamtkosten = 33,3%
Variator somit 3,33
Ausnutzungsgrad = 50%
Beschäftigungsänderung = 50%
Kostenänderung = 5 × 3,33 = 16,65%
Kostenänderung = 16,65% von 6000,- DM = 1000,- DM
Sollkosten = 6000,- DM - 1000,- DM = <u>5000,- DM/Monat</u>

Zweites Kapitel: Maschinenstundensatz-Rechnung

	Textziffer
A. Herkömmliche Zuschlagskalkulation	
I. Aufbau	47
II. Mangel	48, 49
B. Wesen der Maschinenstundensatz-Rechnung (MSR)	
I. Vorgehen	50 ff.
II. Maschinenstundensatz	54 ff.
C. Vorteile der MSR	
I. Verursachungsgerechte Kostenbelastung	58
II. Einfachere Abrechnung der Rest-Fertigungsgemeinkosten	59
III. Verringerung der Zahl der Fertigungskostenstellen	60
IV. Zweckmäßige Arbeitsplanung	61
D. Ermittlung des Maschinenstundensatzes (MS)	
I. Bestimmung der Soll-Maschinenzeit	62 ff.
II. Feststellung des Wiederbeschaffungswertes	66 ff.
III. Ermittlung der Nutzungsdauer	69, 70
IV. Errechnung der maschinenabhängigen Kosten	
1. Kalkulatorische Abschreibung	71 ff.
2. Kalkulatorischer Zins	76, 77
3. Raumkosten	78 ff.
4. Instandhaltungskosten	81 ff.
5. Energiekosten	84 ff.
6. Werkzeugkosten	87 ff.
7. Feststellung des MS	93, 94
E. Einfluß der Vorgabezeit auf die Höhe des MS	
I. Auswirkungen	95
II. Zeitgrad	96, 97
III. Kalkulation der maschinenabhängigen Kosten/Auftrag	98, 99
F. Stundensatz bei zweischichtiger Auslastung des Betriebes	100 ff.
G. Kosten der nicht genutzten Kapazität	103 ff.
H. Einfluß der MSR auf die Betriebsabrechnung	107, 108
I. Kalkulation der Fertigungskosten	109
J. Maschinenbelegung	110 ff.

K. Übungen
  I. Ermittlung des MS   113
  II. Maschinenbelegung   114

L. Formelsammlung   115

Zweites Kapitel

Maschinenstundensatz-Rechnung

A. Herkömmliche Zuschlagskalkulation

I. Aufbau

Die Kostenstellenrechnung sieht die Verteilung der Gemeinkosten auf die Orte der Kostenentstehung vor. Die Verrechnung erfolgt nicht pauschal, sondern für jede Kostenart getrennt.

Die Gemeinkosten sind in der beschriebenen Weise zu unterteilen, weil sie - von der Divisionskalkulation abgesehen - den Kostenträgern nicht unmittelbar angelastet werden können. Eine Zurechnung ist jedoch mit Hilfe der aus der Stellenrechnung sich ergebenden Zuschlagssätze bei Anwendung der herkömmlichen Zuschlagskalkulation möglich.

In der Regel wird im Betriebsabrechnungsbogen (BAB I) je ein Zuschlagssatz für den Material-, Verwaltungs- und Vertriebsbereich festgestellt. Weiter wird meist je ein Satz für die verschiedenen Hauptkostenstellen des Fertigungsbereichs ermittelt. Die Zuschlagssätze resultieren aus der Gegenüberstellung der Gemeinkosten eines Bereichs bzw. einer Hauptkostenstelle mit jeweils einer Zuschlagsbasis. Die zu wählenden Basen müssen dem "Grundsatz der Proportionalität" genügen.

II. Mangel

Die herkömmliche Zuschlagskalkulation führt bei der Errechnung der Fertigungsgemeinkosten (FGK) der vom Betrieb hergestellten Erzeugnisse i.d.R. zu ungenauen Ergebnissen.

Der im Rahmen der Kostenstellenrechnung errechnete FGK-Zuschlagssatz wird für *alle* Kostenträger, die die Leistung der Kostenstelle in Anspruch nehmen, herangezogen. Eine solche Abrechnung führt zu einer unzutreffenden Belastung der Produkte, wenn die Erzeugnisse die Anlagen der Stelle nicht gleichmäßig beanspruchen und die eingesetzten Maschinen unterschiedlich hohe Kosten auslösen. Die Fertigungsgemeinkosten/Leistungseinheit werden zu hoch angesetzt, wenn die Arbeiten auf einer Maschine ausgeführt werden, die niedrigere Kosten verursacht. Die Kosten werden bei der Kalkulation dagegen in zu geringer Höhe berücksichtigt, wenn die Fertigung auf einer höhere Kosten verursachenden Maschine erfolgt.

Gelegentlich werden Fertigungsstellen nach Maschinenplätzen unterteilt, um Platzkosten errechnen und damit bei der Kalkulation die beschriebenen Kostenverschiebungen vermeiden zu können. Ein Kostenplatz erfordert abrechnungstechnisch ebensoviel Arbeit, wie eine aus mehreren Plätzen bestehende Kostenstelle. Das bedeutet, daß die Einführung der Platzkostenrechnung sich oft nur für wenige Arbeitsplätze wirtschaftlich rechtfertigen läßt.

B. Wesen der Maschinenstundensatzrechnung (MSR)

I. Vorgehen

50 Um den genannten Nachteil weitgehend auszuschließen, wurde die MSR als eine Kalkulationsmethode für den Fertigungsbereich entwickelt.

Bei Durchführung der MSR werden die unmittelbar maschinenabhängigen Kosten aus den Fertigungsgemeinkosten gelöst und - entsprechend dem Einsatz der Maschinen - mit Hilfe des Maschinenstundensatzes auf die Kostenträger gesondert verrechnet. Zu den unmittelbar maschinenabhängigen Kosten werden dabei meist die kalk. Abschreibungen, kalk. Zinsen, Raum-, Instandhaltungs-, Energie- und Werkzeugkosten gezählt.

51 Die auf den Fertigungsstellen verbleibenden Gemeinkosten, die sogenannten Restfertigungsgemeinkosten, werden in herkömmlicher Weise der Leistungseinheit zugeschlagen.

52 Es bleibt zu betonen, daß nicht alle Fertigungsstellen des Betriebes in die MSR einbezogen werden. Kostenstellen, die nicht maschinenintensiv sind, werden von der MSR nicht berührt (Beispiel: Montage).

53 Wenn nicht für alle Anlagen einer Stelle Maschinenstundensätze ermittelt werden sollen, ist es möglich, die für die Stundensatzrechnung vorgesehenen Maschinen zu einer eigenen Fertigungsstelle zusammenzufassen.

Wollte man innerhalb einer Stelle nur für einige Anlagen Stundensätze bilden, käme es in vielen Fällen bei der Kalkulation zu einer zu hohen Belastung der Kostenträger mit maschinenabhängigen Kosten. Die Erzeugnisse, die auf Anlagen produziert werden, für die Stundensätze vorhanden sind, würden zunächst unter Beachtung der Einsatzdauer der in Anspruch genommenen Maschinen und der Stundensätze mit maschinenabhängigen Kosten belastet. Bei der Kalkulation der übrigen Fertigungsgemeinkosten fände der Zuschlagssatz der Stelle Berücksichtigung, auf dessen Höhe u.a. die maschinenabhängigen Kosten der nicht in die MSR einbezogenen und bei der Produktion nicht herangezogenen Anlagen Einfluß genommen haben. Damit würde das Erzeugnis weitere (nicht verursachte!) maschinenabhängige Kosten zu tragen haben.

II. Maschinenstundensatz

54 Der Maschinenstundensatz ist ein *Plansatz*, der sich ergibt aus:

$$MS = \frac{\text{geplanten unmittelbar maschinenabhängigen Kosten}}{\text{Soll} - \text{Maschinenzeit}}$$

Der Stundensatz wird auch als *Standardsatz* bezeichnet, weil er möglichst über einen längeren Zeitabschnitt unverändert beibehalten werden soll.

55 Die MSR macht eine Überprüfung des Stundessatzes regelmäßig nur in Abständen von zwei bis drei Jahren notwendig. Wenn sich die bei der Bestimmung des MS zugrunde gelegten Daten vor Ablauf dieser Zeit *wesentlich* geändert haben, muß der Stundensatz jedoch früher neu errechnet werden.

Fertigungslöhne, maschinenabhängige Kosten und Restfertigungsgemeinkosten können ggf. zu einem *erweiterten* MS zusammengefaßt werden.

56

Beispiel: Fertigungslohn 18,- DM/MStd.
maschinenabhängige Kosten 26,- DM/MStd.
Rest-FGK 14,- DM/MStd.
Erweiterter MS 58,- DM/MStd.

Wenn der Arbeiter nur eine Maschine bedient, stimmen FL/FStd. und FL/MStd. überein. Bei Mehrmaschinenarbeit muß dagegen der FL/MStd. unter Berücksichtigung der jeweiligen Bedienungszeit für die einzelnen Maschinen festgestellt werden.

Die Rest-FGK/MStd. sind mit Hilfe der im BAB I ermittelten Zuschlagssätze anzusetzen.

Insbesondere in der Nachkalkulation wird zur Vereinfachung der Arbeit aus nahe beieinanderliegenden Stundensätzen ein *Gruppen*-Satz gebildet, ohne daß dabei die Art der Maschinen eine Rolle spielt. In diesem Fall ermittelt man die je Auftrag angefallenen Maschinenstunden pro Maschinengruppe und multipliziert diese mit dem entsprechenden Maschinengruppen-Satz.

III. Prozeßkostenrechnung

Mit dieser Rechnung werden die (Gemein-)kosten von im Betrieb anfallenden "Vorgängen" bestimmt. Die Vorgänge werden, wenn sie in einer Kostenstelle auftreten, meist "Aktivitäten" genannt. Wenn eine kostenstellenübergreifende Verkettung von Vorgängen gegeben ist, spricht man oft von "Prozessen".

57

Nachfolgend wird für den Vorgang "Maschineneinsatz" unter Verwendung der Bezugsgröße "Maschinenstunden" ein Kostensatz ("Maschinenstundensatz") ermittelt.

Dieser Satz dient der Kalkulation der maschinenabhängigen Fertigungsgemeinkosten. Dabei bestätigt sich, daß die Prozeßkostenrechnung im Vergleich zur herkömmlichen Zuschlagskalkulation zu einer verursachungsgerechteren Zurechnung der Gemeinkosten auf Kostenträger führt.

C. Vorteile der Maschinenstundensatzrechnung (MSR)

I. Verursachungsgerechte Kostenbelastung

58 Von entscheidender Bedeutung ist, daß die MSR zu einer genaueren Verrechnung der Fertigungsgemeinkosten auf die verschiedenen Erzeugnisse des Betriebes führt. Die nachstehende Kalkulation macht diese Tatsache deutlich.

Maschinenstundensatz-Rechnung:

Fertigungslohn (FL)	400,- DM/Stck.
maschinenabhängige Kosten	
Maschine A = 10 Std. zu 24,- DM	240,- DM/Stck.
Maschine B = 15 Std. zu 35,- DM	525,- DM/Stck.
Rest-FGK (110% v. FL)	440,- DM/Stck.
Fertigungskosten	1.605,- DM/Stck.

Herkömmliche Zuschlagskalkulation:

Fertigungskosten (FL)	400,- DM/Stck.
FGK (450% v. FL)	1.800,- DM/Stck.
Fertigungskosten	2.200,- DM/Stck.

II. Einfachere Abrechnung der Rest-Fertigungsgemeinkosten

59 Die für die verschiedenen Fertigungsstellen im Rahmen der herkömmlichen Rechnung ermittelten Zuschlagssätze weisen oft eine große Streuung auf.

Die Erfahrung hat bestätigt, daß die FGK-Zuschlagssätze nach Herausnahme der unmittelbar maschinenabhängigen Kosten meist nur noch gering voneinander abweichen. Damit wird es in vielen Fällen möglich, die Rest-FGK mit einem einheitlichen Zuschlagssatz abzurechnen.

III. Verringerung der Zahl der Fertigungskostenstellen

60 Unter Kostenstellen sind die Orte der Kostenentstehung zu verstehen. In den Kostenstellen werden die zur Leistungserstellung benötigten Güter und Dienste verbraucht.

Die Bildung der Kostenstellen erfolgt i.d.R. nach den im Betrieb vorkommenden Verrichtungen. Denkbar ist auch eine Gliederung unter räumlichen Gesichtspunkten oder nach Verantwortungsbereichen (= organisatorischen Stellen = Abteilungen).

In aller Regel erfolgt zunächst eine Unterteilung des Betriebes nach Stellenbereichen in sog. *Gruppenkostenstellen*: Fertigungs-, Material-, Verwaltungs- und Vertriebs-

Bereich sowie Allgemeiner Bereich.

Die Gruppenkostenstelle ist oft in *Einzelkostenstellen* gegliedert. Zur Gruppenkostenstelle Fertigungsbereich gehören z.b. die Einzelkostenstellen Stanzerei, Dreherei, Bohrerei usw.

Kostenstellen können Haupt- oder Hilfs-Kostenstellen sein. Von den *Hauptkostenstellen* werden die Kosten unmittelbar den Kostenträgern zugerechnet. *Hilfskostenstellen* geben dagegen ihre Kosten an Hauptkostenstellen weiter (z.B. Reparaturwerkstatt, Heizwerk).

Ist eine Vielzahl von Stellen für die Feststellung von differenzierten Kalkulationssätzen nicht erforderlich, weil die Rest-FGK mit einem einheitlichen Satz abgerechnet werden können, läßt sich die Zahl der Fertigungskostenstellen auf echte Verantwortungsbereiche verringern.

IV. Zweckmäßige Arbeitsplanung

Im Rahmen der Arbeitsplanung wird anhand des Fertigungsauftrages, der Stückliste und der Zeichnung zuerst die Verfahrensauswahl getroffen. Danach werden Art und Reihenfolge der Arbeitsgänge festgelegt. Anschließend werden die für die Durchführung des Auftrages geeigneten Arbeitsplätze und Arbeitsmittel bestimmt. Schließlich werden die Rüst- und Stückzeiten sowie die dem jeweiligen Schwierigkeitsgrad der Arbeit entsprechenden Lohngruppen ausgewiesen.

Der Arbeitsplan kann für die wirtschaftliche Losgröße oder für eine Fertigungseinheit bereits vor Erteilung eines Auftrages erstellt werden. Für eine davon abweichende Fertigungsmenge ist dagegen der Plan von Fall zu Fall zu entwickeln.

Die Maschinen werden anhand der Maschinendatei festgelegt, der die technischen Daten der im Betrieb vorhandenen Anlagen entnommen werden können.

Soweit mehrere Maschinen für die Erledigung des Auftrages in Frage kommen, sind auch wirtschaftliche Überlegungen anzustellen. Dazu können die Maschinenstundensätze wesentliche Anhaltspunkte liefern.

D. Ermittlung des Maschinenstundensatzes

I. Bestimmung der Soll-Maschinenzeit

62 Die Errechnung des Stundensatzes stetzt die Feststellung der Soll-Maschinenzeit je Jahr voraus. Es ist somit die jährliche Nutzungszeit der Maschine zu bestimmen, für die der MS gelten soll.

Zur Nutzungszeit rechnen Lastlaufzeit, Leerlaufzeit und Hilfszeit. In der Nutzungszeit sind sowohl Stückzeiten wie Rüstzeiten enthalten.

Gesamte Maschinenzeit	Nutzungszeit	Lastlaufzeit
		Leerlaufzeit
		Hilfszeit
	Instandhaltungszeit	
	Ruhezeit	

Gliederung der gesamten Maschinenzeit

Eine Definition der Bestandteile der Maschinenzeit ist mit der VDI-Richtlinie 3258/Blatt 1 gegeben:

"Während der Nutzungszeit wird die Maschine für einen Kostenträger, ein Erzeugnis genutzt. (Die Maschine oder - umfassender ausgedrückt - die Fertigungsanlage ist während dieser Zeit normalerweise an das Kraftnetz angeschlossen, der Hauptschalter sowie die evtl. Hilfsantriebe, wie Kühlmittelversorgung, Hydraulikaggregate usw. sind eingeschaltet):

Während der Lastlaufzeit läuft und produziert die Maschine. (Die Maschine und ihre Hilfsantriebe sind eingeschaltet, der Hauptantrieb arbeitet mit Teillast oder Vollast).

Während der Leerlaufzeit läuft die Maschine, produziert aber nicht. (Die Maschine und ihre Hilfsantriebe sind eingeschaltet, der Hauptantrieb läuft im Leerlauf).

Während der Hilfszeit steht die Maschine produktionsbedingt vorübergehend still. (Der Hauptschalter und die Hilfsantriebe können noch eingeschaltet sein).

Die Leerlaufzeit und die Hilfszeit können je nach Art der Maschine aus Schaltzeiten, Rücklaufzeiten, Werkstück-Zubringezeiten, Werkzeug-Wechselzeiten, Positionierzeiten und Rüstzeiten bestehen.

Während der Instandhaltungszeit wird die Maschine gewartet oder instandgesetzt und produziert nicht.

Während der Ruhezeit ist die Maschine abgeschaltet, unbesetzt und produziert nicht."

63 Bei der Ermittlung der MS wird regelmäßig von der erreichbaren Nutzungszeit ausgegangen. Diese Zeit kann unter Berücksichtigung der verfügbaren Kalenderzeit, der betrieblichen Arbeitszeit und der voraussichtlichen Ausfallzeit stellenindividuell errechnet werden.

Maschinenstundensatz-Rechnung

52 Wochen zu 39 Stunden		= 2.028 Std.
Ausfallzeiten:		
Krankheit, Kuraufenthalt		
Betriebs-Unfälle		
Betriebs-Versammlungen		
Tarifurlaub, Feiertage	15 %	= 304 Std.
Zusätzlicher Urlaub		
Unentschuldigtes Fehlen		
Sonstige Ausfallzeiten		
Erreichbare Nutzungszeit/Jahr		1.724 Std.

Die erreichbare Nutzungszeit ist mit ca. 1.700 Stunden/Jahr festgestellt worden. Diese für den Ein-Schicht-Betrieb geltende Nutzungszeit soll im fortlaufenden Rechenbeispiel herangezogen werden.

Die Ausfallzeiten sind für jede Kostenstelle nach Art und Umfang gesondert zu ermitteln. Dazu kann meist auf Feststellungen der Personalabteilungen zurückgegriffen werden. Gegebenenfalls können (z.B. bei Störungen wegen Maschinenschadens) auch Aufzeichnungen, die an der Maschine vorgenommen worden sind, Verwendung finden.

Wenn die erreichbare Nutzungszeit nicht voll beansprucht wird, entstehen Kosten der nicht genutzten Kapazität. Der Betrieb muß deshalb Maßnahmen ergreifen, die zumindest auf längere Sicht die volle Auslastung der Maschinen nach sich ziehen.

Es ist denkbar, daß Spezialmaschinen auch dann nicht ständig im Einsatz sein können, wenn alle anderen Anlagen ausgelastet sind. Für diese Maschinen sollte bei der Ermittlung der Stundensätze von der betriebsüblichen Nutzungszeit ausgegangen werden.

II. Feststellung des Wiederbeschaffungswertes

Der Wiederbeschaffungswert (W) der Maschine entspricht dem Wert des Anlagegutes im Augenblick der Stundensatzermittlung, korrigiert um Zu- bzw. Abschläge aufgrund der Preiserwartung für die nächste - d.h. überschaubare - Zukunft.

Am Tage der Anschaffung der Maschine ist der W mit dem Gesamtanschaffungswert identisch. Bei der Ermittlung des Anschaffungswertes geht man vom Anschaffungspreis aus, zu dem die Anschaffungsnebenkosten (z.B.: Fracht-, Montagekosten usw.) hinzuzuzählen und von dem Anschaffungskostenminderungen (z.B.: Rabatte, Skonti usw.) abzuziehen sind.

Zu jedem späteren Zeitpunkt ist der W zu bestimmen.

Gelegentlich kann der W über einen Preisvergleich mit gleichartigen oder ähnlichen Maschinen festgelegt werden. Ein solches Vorgehen setzt voraus, daß entsprechende Anlagen am Markt angeboten werden.

Meist wird man den W mit Hilfe von Preisindizes errechnen.

Maschinengruppe	1986	1987	1988	1989	1990	1991	1991 April	1992 April
			Jahresdurchschnitt					
Maschinenbauerzeugnisse	102,8	105,0	106,9	109,9	113,7	117,8	117,3	121,3
Maschinenbauerzeugnisse, o. Büromaschinen								
Datenverarbeitungsgeräte und -einrichtungen	103,4	106,4	109,0	112,4	116,9	121,7	121,1	125,6
Metallbearbeitungsmasczhinen, spanende	105,6	111,4	113,8	116,5	121,9	127,2	126,9	129,5
Metallbearbeitungsmaschinen, umformende	105,3	109,1	112,4	115,9	121,7	127,1	126,5	131,3
Industrieöfen	103,0	105,1	109,2	111,7	115,6	119,6	119,0	124,1
Brenner und Feuerungen	102,8	105,6	108,0	109,5	112,6	120,4	118,0	126,5
Gießereimaschinen	102,4	106,2	110,2	113,8	117,8	124,1	122,8	128,7
Prüfmaschinen	105,1	110,2	113,8	117,7	120,9	125,1	124,7	130,2
Holzbe- und -verarbeitungsmaschinen	103,3	106,8	110,0	113,6	119,0	125,2	124,5	130,7
Maschinen- u. Präzisionswerkzeuge f.d. Metallverarbeitung	104,2	107,8	110,4	113,4	118,0	122,7	121,9	126,3
Schweißgeräte und -maschinen (ohne elektr.)	104,1	106,0	107,1	109,7	112,9	117,9	117,5	123,9
Kraftmaschinen	103,3	105,8	112,5	115,8	121,4	127,2	126,3	132,4
Kompressoren u. Vakuumpumpen u. dgl.	103,4	106,6	109,2	112,7	118,1	123,9	123,2	129,9
Flüssigkeitspumpen	103,6	107,2	109,9	113,7	118,4	123,8	123,1	130,1
Gewerbl. Kühlmöbel u. -geräte, Kältemaschinen und Anlagen	104,0	107,0	109,5	113,4	117,9	121,5	121,0	127,1
Lufttechnische Einzelapparate und Anlagen	101,7	103,8	105,6	108,1	111,8	116,1	115,1	119,0
Trocknungsanlagen und -maschinen	103,6	106,3	109,1	113,1	117,5	121,8	121,0	125,2
Baumaschinen	102,5	104,8	106,6	110,3	114,2	118,2	117,9	121,4
Baustoff-, Keramik- u. Glasmaschinen	104,0	107,9	111,8	116,1	121,1	126,7	125,7	130,3
Maschinen f.d. Be- u. Verarbeitung von Kautschuk und Kunsstoff	104,0	107,8	110,8	114,4	118,4	122,4	122,4	125,9
Maschinen und Einrichtungen f.d. Bergbau	102,1	103,3	103,9	105,4	108,2	110,2	109,3	111,7
Landmaschinen	103,0	105,1	107,3	110,0	114,2	119,0	118,0	123,0
Milchwirtschaftliche Maschinen	103,1	106,3	110,1	115,1	120,0	129,5	129,4	135,4
Ackerschlepper	102,0	103,1	105,2	106,6	109,2	112,3	111,3	117,8
Nahrungsmittelmaschinen	103,3	107,5	111,2	116,0	120,8	125,7	124,5	132,5

Maschinenstundensatz-Rechnung

Maschinen für verwandte Gebiete der Nahrungsmittelherstellung	103,0	106,9	111,2	115,9	121,5	128,0	127,4	133,7
Einzelapparate u. -maschinen f.d. chemische und verwandte Industrie	103,1	106,3	108,8	112,9	119,9	125,6	125,1	128,6
Waagen	99,5	100,0	100,6	103,2	105,6	108,8	108,1	112,5
Fördermittel	102,7	104,8	107,6	110,7	114,3	118,8	118,1	122,6
Papier- u. Druckereimaschinen	104,3	107,7	109,8	112,9	116,4	121,0	120,5	122,9
Papierherstellungs- u. -zurichtungsmaschinen	103,8	107,8	111,0	115,7	120,8	125,9	125,4	130,3
Papierverarbeitungsmaschinen	104,2	107,8	111,2	115,3	120,7	126,5	126,0	131,0
Druckmaschinen	104,7	107,7	108,8	111,5	114,1	118,9	118,4	119,1
Textilmaschinen	104,4	106,9	109,4	112,5	115,6	118,3	118,1	121,3
Zubehörteile für Textilmaschinen	103,0	105,7	108,1	109,5	113,0	118,5	117,7	121,3
Nähmaschinen	102,7	106,2	109,0	112,6	115,6	116,0	115,6	118,5
Wäscherei- und verwandte Maschinen für gewerbliche Zwecke	103,2	106,0	107,8	111,7	116,5	120,6	119,6	126,6
Masch. f.d. Leder-, Schuh- u. Lederwarenherstellung	102,2	104,5	108,1	111,7	115,4	119,2	118,8	122,4
Armaturen	102,8	105,1	108,3	113,7	119,3	125,7	125,1	131,8
Zahnräder und Getriebe	102,8	105,0	108,1	112,0	116,5	121,5	120,9	125,6
Kupplunen, Gleitlager u. andere Antriebselemente104,0		105,6	106,3	109,4	113,9	118,5	118,1	121,7	
Wälzlager	102,9	103,4	101,6	106,0	114,5	120,0	119,4	120,4
Geldschränke und Tresoranlagen	100,4	103,7	106,4	108,1	110,1	117,6	115,9	124,1
Geräte für ölhydraulische Anlagen und pneumatische Steuerungen	103,1	104,9	107,5	110,9	115,4	119,6	119,0	123,7
Büromaschinen, Datenverarbeitungsgeräte und -einrichtungen	97,3	93,0	89,3	88,8	86,3	84,8	85,0	84,9
Büromaschinen	100,5	98,4	93,2	93,2	92,7	93,1	93,1	93,8
Geräte und Einrichtungen f.d. automatische Datenverarbeitung	97,0	92,5	88,9	88,3	85,6	84,0	84,2	84,0

Erzeugerpreisindizes / 1985 = 100; vgl. Statistisches Jahrbuch für den Maschinenbau

Beispiel:
Die Einführung der Stundensatz-Rechnung erfolgt im April 1992. Die Maschine wurde 1989 gebaut. Ihr Gesamtanschaffungswert betrug 231.000,- DM:

Erzeugerpreisindizes für umformende Metallbearbeitungsmaschinen							
1985	1986	1987	1988	1989	1990	1991	4/92
100,0	105,3	109,1	112,4	115,9	121,7	127,1	131,3

$$W = \text{Gesamtanschaffungswert} \times \frac{\text{Index zum Bewertungszeitpunkt}}{\text{Index des Baujahres}}$$

$$W = 231.000 \times \frac{131,3}{115,9} = 261.693,70 \text{ DM}$$

Der Wiederbeschaffungswert (W) ist auf volle tausend DM zu erhöhen.

In die Rechnung einzubeziehen: <u>262.000 DM</u>

III. Ermittlung der Nutzungsdauer

69 Auf die Nutzungsdauer einer Anlage nehmen leistungsproportionale und zeitabhängige Größen Einfluß. So verhält sich z.B. die Abnutzung proportional zur Maschinenleistung, während das Altern allein von der Zeit abhängig ist.
In diesem Zusammenhang ist von besonderem Interesse, in welchem Umfang Instandhaltungskosten voraussichtlich eintreten werden. Der Betrieb muß davon ausgehen, daß der Einsatz einer Maschine nur solange sinnvoll ist, wie die genannten Kosten in vertretbarer Höhe anfallen.
Für das fortlaufende Rechenbeispiel wird unterstellt, daß die Anlage nicht mehr als 20.000 Stunden bzw. - wegen der in der Zwischenzeit sich vollziehenden technischen Entwicklung - nicht länger als 10 Jahre genutzt werden kann.

70 Bei der Festlegung der Nutzungsdauer wurden normale Verhältnisse angenommen. Besondere standortbedingte Gegebenheiten können dadurch Berücksichtigung finden, daß die ursprünglich festgestellte Nutzungsdauer mit einem Faktor bzw. mit mehreren Faktoren multipliziert wird. Dazu steht eine (von der Deutschen Gesellschaft für Betriebswirtschaft in Zusammenarbeit mit dem Rationalisierungs-Kuratorium der Deutschen Wirtschaft) entwickelte Multiplikatorentabelle zur Verfügung:

Einsatz in feuchten Räumen	0,7
Einsatz in staubigen Räumen	0,6 - 0,8
Einsatz im Freien	0,7
Einsatz in Räumen mit schädigenden chemischen Einwirkungen	0,5 - 0,9
Einsatz in Räumen, die im Winter nicht beheizt werden	0,9
Einsatz in Lehr- und Ausbildungsbetrieben, also bei Bedienung durch nicht voll ausgebildete Leute	0,7
Einsatz in nicht voll ausgenutzten Abteilungen, täglich also weniger als 8 Stunden, z.B. in Versuchsabteilungen	1,2 - 1,8
Einsatz von normalerweise stationären Maschinen an verschiedenen Arbeitsplätzen (ortsbeweglich)	0,6
Einsatz auf Fundamenten, deren Lage wegen der Bodenverhältnisse nicht sicher ist	0,5 - 0,9
Einsatz in Räumen in der Nähe von schwingungs oder stoßerzeugenden anderen Maschinen (z.B. in der Nähe eines Schmiedehammers)	0,7 - 0,8
Für Maschinenkonstruktionen, deren Entwicklungsstand technisch sowie preislich besonders Veränderungen erwarten läßt (Neu- und Erstausführungen)	0,5 - 1,0

Multiplikatorentabelle für die Metallindustrie (Auszug)

IV. Errechnung der maschinenabhängigen Kosten

1. Kalkulatorische Abschreibung

a) Kalkulatorische Abschreibung/Maschinenstunde 71

Zur Errechnung der kalkulatorischen Abschreibung/Jahr müssen Wiederbeschaffungswert, Nutzungsdauer und ein ggf. am Ende der Einsatzzeit der Anlage vorhandener Restwert (R) bekannt sein.

W = 262.000,- DM
Nutzungsdauer = 10 Jahre
Restwert = 0

$$\text{Kalk. Abschreibung/Jahr} = \frac{W - R}{\text{Nutzungsdauer}}$$

$$= \frac{262.000\,\text{DM}}{10\,\text{Jahre}} = 26.200,-\,\text{DM / Jahr}$$

$$\text{Kalk. Abschreibung/MStd.} = \frac{26.200\,\text{DM}}{1.700\,\text{MStd.}} = \underline{15,41\,\text{DM/MStd.}}$$

b) Änderungsrechnung

72 Da der MS ein Standardsatz sein soll, darf nur eine erhebliche Änderung des Wiederbeschaffungswertes bzw. eine wesentliche Unter- oder Überschreitung der ursprünglich geschätzten Nutzungsdauer zu einer Berichtigung des errechneten Wertes führen.
   Erweist sich eine Änderungsrechnung als notwendig, so muß die für die Zukunft gültige Abschreibungsrate errechnet werden aus:

$$\text{Kalkulatorische Abschreibung/Jahr} = \frac{\text{Neuer W}}{\text{Neue Nutzungsdauer}}$$

1. Beispiel:
73 Nach 5 Jahren muß die Nutzungsdauer-Schätzung von 10 Jahren auf 8 Jahre berichtigt werden. Der W soll keiner Änderung unterlegen haben.

$$\text{Abschreibungsrate / Jahr} = \frac{262.000}{8} = 32.750,-\,\text{DM / Jahr für das 6.-8. Jahr.}$$

$$\text{Kalkulatorische Abschreibung / MStd.} = \frac{32.750}{1.700} = 19,26\,\text{DM / MStd.}$$

Unter Beachtung der neuen Nutzungsdauer beträgt die kalkulatorische Gesamtabschreibung:

5 x 26.200,-- DM   =131.000,-- DM
3 x 32.750,-- DM   = 98.250,-- DM

Summe   = 229.250,-- DM

Der beschriebene Sachverhalt kann folgender Abbildung entnommen werden.
Die vorliegende Differenz zwischen Wiederbeschaffungswert und Summe der kalkulatorischen Gesamtabschreibung (= 32.750,-- DM) ist als Wagnisverlust anzusehen.

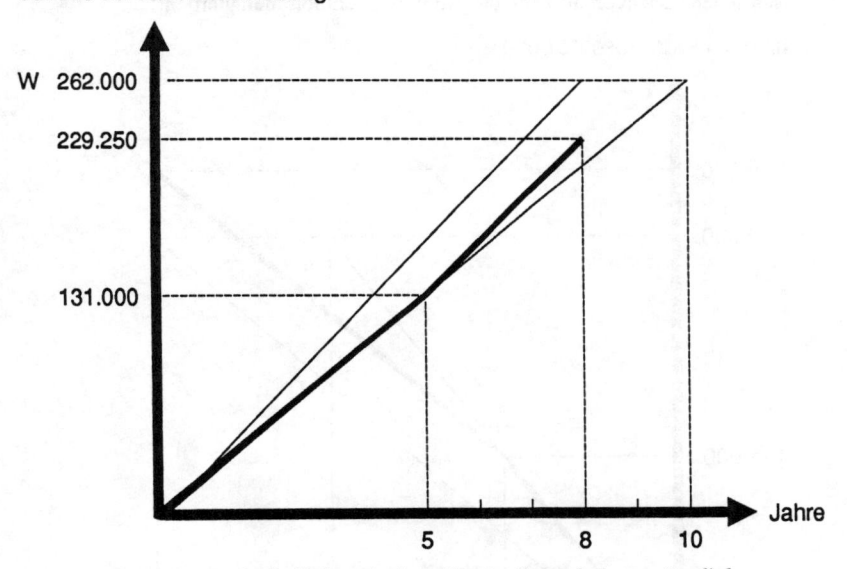

Summenkurve der kalkulatorischen Abschreibung bei ursprünglicher Überschätzung der Nutzungsdauer

2. Beispiel:
Nach 5 Jahren muß die Nutzungsdauerschätzung von 10 Jahren auf 15 Jahre berichtigt werden. Der W soll keine Änderung erfahren haben.

$$\text{Abschreibungsrate / Jahr} = \frac{262.000}{15} = 17.467,- \text{DM / Jahr für das 6.-15. Jahr.}$$

Kalkulatorische Abschreibung / MStd. = $\frac{17.467}{1.700}$ = 10,27 DM / MStd.

Unter Berücksichtigung der neuen Nutzungsdauer beträgt die kalkulatorische Gesamtabschreibung:

5 x 26.200,-- DM	=	131.000,-- DM
10 x 17.467,-- DM	=	174.670,-- DM
Summe	=	305.670,-- DM

Der beschriebene Sachverhalt kann der Abbildung entnommen werden:

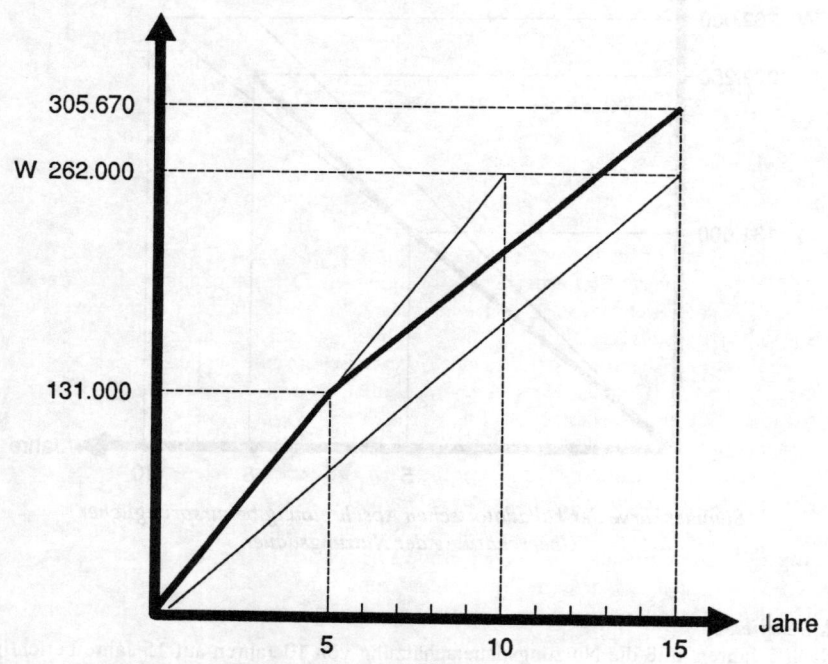

Summenkurve der kalkulatorischen Abschreibung bei ursprünglicher Unterschätzung der Nutzungsdauer

Die Differenz zwischen W und Summe der kalkulatorischen Gesamtabschreibung stellte einen Wagnisgewinn (= 43.670,-- DM) dar.

Wagnisverlust und Wagnisgewinn finden als "Anlagenwagnis" in der Kostenrechnung Berücksichtigung.
Als Wagnisse werden die mit der betrieblichen Tätigkeit verbundenen Verlustgefahren angesehen.
Zur Verrechnung gelangen nur Einzelwagnisse. Das ein Unternehmen als Ganzes gefährdende Risiko, das allgemeine Unternehmenswagnis, führt nicht zu Kosten, sondern wird durch den Gewinn abgegolten.
Zu den Einzelwagnissen zählt das Anlagenwagnis, das Mehr- und Minder-Abschreibungen aufgrund unrichtiger Schätzung der Nutzungsdauer einschließt.
Die Wagniskosten werden jährlich in einer Wagnisstatistik erfaßt. Dazu werden Wagnisgewinne und Wagnisverluste gegeneinander aufgerechnet. Der sich ergebende Saldo wird einer Bezugsbasis - z.B. den Herstellkosten (ohne Wagniskosten) - gegenübergestellt. Daraus resultiert ein Wagnis-(Prozent-)Satz.
Aus den Wagnissätzen wird ein Durchschnittssatz gebildet, der der Errechnung des in die Kostenrechnung eingehenden "kalkulatorischen Anlagen-Wagnisses" dient.

2. Kalkulatorischer Zins

a) Kapitalbindung

Es ist umstritten, ob und in welchem *Umfang* Zinsen als Kosten zu berücksichtigten sind. Meist werden an Stelle der Zinsaufwendungen für Fremdkapital kalkulatorische Zinsen auf das betriebsnotwendige Kapital verrechnet. Ebenfalls ist nicht entschieden, von welchen *Wertansätzen* ggf. bei der Berechnung der Zinsen auszugehen ist, d.h. ob Buchwerte oder Wiederbeschaffungswerte Verwendung finden sollen. In den folgenden Beispielen kommen - wie schon bei der kalkulatorischen Abschreibung - Wiederbeschaffungswerte zum Ansatz.
Das durch die Maschine gebunde Kapital fällt mit fortschreitender Abschreibung. Daraus ergibt sich, daß der kalkulatorische Zins auf der Grundlage des ständig kleiner werdenden Anlagerestwertes bestimmt werden müßte.
Bei einem solchen Vorgehen würde der kalkulatorische Zins in regelmäßigen Abständen sinken. Ständig sich verändernde Zinsbeträge hätten, da der kalkulatorische Zins in den MS eingeht, dessen jährliche Änderung zur Folge.
Um diese Änderungen zu vermeiden, gehen die Betriebe bei der Ermittlung des Stundensatzes von festen Zinsbeträgen aus. Das ist möglich, wenn der kalkulatorische Zins nicht vom laufend fallenden Restwert der Maschine, sondern von dem durch die Anlage durchschnittlich gebundenen Kapital ermittelt wird.
Das durchschnittlich gebundene Kapital kann einer grafischen Darstellung entnommen werden.

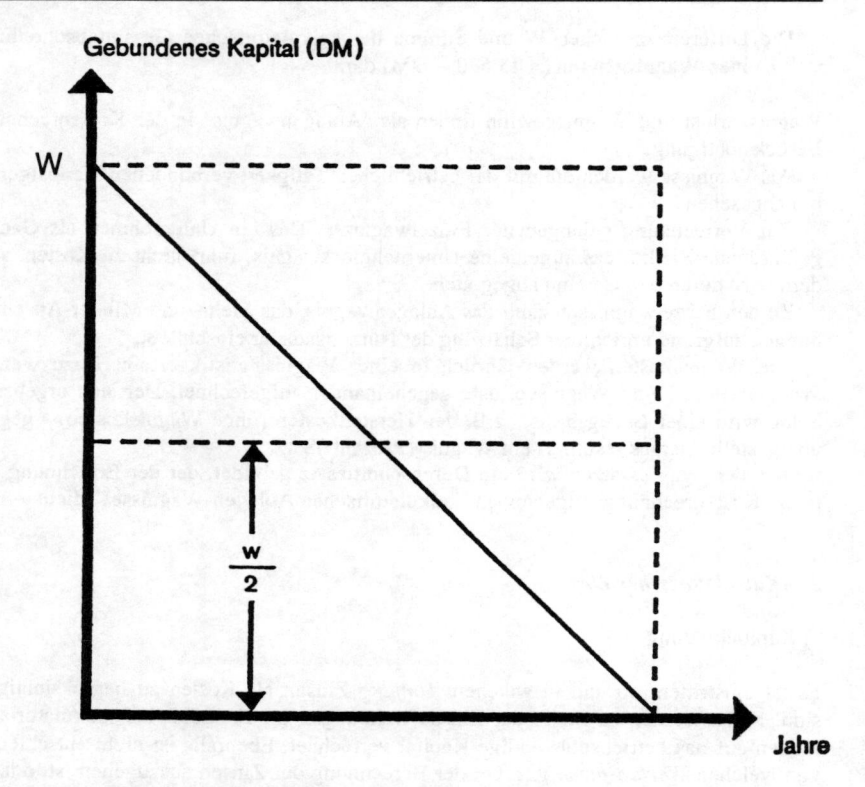

Gebundenes Kapital (DM)

Feststellung des durch die Maschine gebundenen Kapitals bei R = 0

Wie die Abbildung zeigt, ist das durchschnittlich gebundene Kapital mit

$$\frac{\text{Wiederbeschaffungswert}}{2} = \frac{W}{2}$$

anzusetzen, wenn die Maschine am Ende der Nutzungsdauer keinen Restwert besitzt.

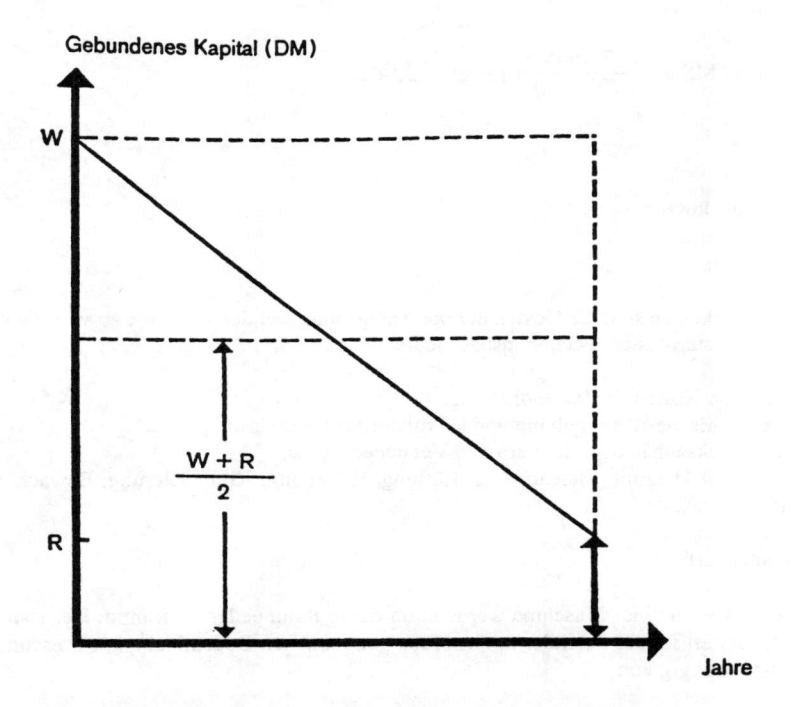

Feststellung des durch die Maschine gebundenen Kapitals bei R > 0

Ist der Restwert R > 0, beträgt entsprechend obiger Abbildung das durchschnittlich gebundene Kapital

$$\frac{W-R}{2} + R = \frac{W+R}{2}$$

b) Kalkulatorischer Zins/Maschinenstunde

Bei der Bestimmung der kalkulatorischen Zinsen/Jahr wird auf den gültigen Zinssatz p für langfristig aufgenommenes Fremdkapital zurückgegriffen.
W = 262.000,-- DM
R = 0,-- DM
p = 9 %

$$\text{Kalk. Zins / Jahr} = \frac{262.000\,\text{DM}}{2} \times \frac{9}{100} = 11.790,-\text{DM / Jahr}$$

$$\text{Kalk. Zins / MStd} = \frac{11.790 \, \text{DM}}{1.700 \, \text{MStd.}} = \underline{6{,}94 \, \text{DM/MStd.}}$$

3. Raumkosten

a) Kostenarten

78 Unter Raumkosten sind die Kosten der die Anlage umgebenden Gebäude zu verstehen. Zu den Raumkosten rechnen insbesondere die

- laufenden Kosten der Instandhaltung,
- kalkulatorische Abschreibung und kalkulatorische Verzinsung,
- grundstücksabhängigen Steuern und Versicherungen,
- Kosten für Heizung, Beleuchtung, Lüftung, Reinigung, Klimatisierung, Bewachung und Feuerschutz.

b) Raumbedarf

79 Die Raumkosten einer Maschine werden von deren Raumbedarf bestimmt. Der Raumbedarf, der fast immer nach der in Anspruch genommenen Bodenfläche in m² ermittelt wird, ist abhängig von

- der Größe der Anlage,
- dem bei der Fertigung benötigten Bedienungsraum sowie
- dem für die Werkstücke erforderlichen Abstellraum.

Die Kosten der für den betrieblichen Innentransport reservierten Flächen können, wenn sie nicht in den Restfertigungsgemeinkosten untergehen sollen, den einzelnen Anlagen ebenfalls zugerechnet werden. Die Zurechnung sollte in Abhängigkeit von den Transportbedürfnissen der Maschinenplätze erfolgen.
    Der Feststellung der von der Maschine beanspruchten Raumteile können u.a. Werkstatt- und Maschinenlagepläne dienen.

c) Raumkosten/Maschinenstunde

80 Bei der Errechnung der Raumkosten muß der Betrieb zwischen Fabrikhallen, Lagerräumen, Verwaltungsgebäuden usw. unterscheiden. Wenn die Wertigkeit der Räume nicht durch verschieden hohe m²-Sätze kenntlich gemacht wird, sind die effektiven Nutzflächen mit Hilfe von Äquivalenzziffern in fiktive Quadratmeter umzurechnen.
    Das Rechnen mit Äquivalenzziffern hat den Vorteil, daß nicht ständig alle Quadratmetersätze auf ihre Gültigkeit überprüft werden müssen. Solange sich die Wertigkeit

der Räume nicht ändert, reicht es aus, wenn nur der mit der Ziffer 1 versehene Satz laufend kontrolliert wird.

Beispiel:

Gebäudekategorie	Raumkosten/Monat	Äquivalenzziffer
Fertigung	8,-- DM/m²	2
Lager	4,-- DM/m²	1
Büro	6,-- DM/m²	1,5

Die Maschine nimmt 10 qm Raum ein.

Raumkosten/Jahr = Fläche × (Verrechnungssatz/Monat × 12)
= 10 × (8 × 12) = 960,-- DM/Jahr
oder
Raumkosten/Jahr = (10 × 2) × (4 × 12) = 960,-- DM/Jahr

$$\text{Raumkosten/MStd.} = \frac{960\,\text{DM}}{1.700\,\text{MStd.}} = \underline{\underline{0,56\,\text{DM / MStd.}}}$$

4. Instandhaltungskosten

a) Umfang

Die Ermittlung der auf die einzelne Anlage voraussichtlich entfallenden Instandhaltungskosten stößt oft auf Schwierigkeiten, da es in der Praxis häufig an zuverlässigen Aufzeichnungen über ausgeführte Reparaturarbeiten fehlt.

Betriebe, die die MSR einführen, sind daher oft auf Schätzungen oder auf die von den Verbänden der Industrie zu den einzelnen Maschinenarten gemachten Angaben angewiesen.

b) Instandhaltungskosten/Maschinenstunde

Instandhaltungskosten fallen nicht nur in unregelmäßigen Abständen, sondern auch in unterschiedlicher Höhe an. Die Betriebe, die den Stundensatz auf längere Sicht konstant halten wollen, können daher nicht auf Istkosten zurückgreifen. Istkosten würden, weil sie stoßweise eintreten, die Maschinenstunde mit einem ständig wechselnden Betrag belasten und damit zu einer laufenden Änderung des MS Anlaß geben.

Um diese Änderungen auszuschließen, beziehen die Betriebe nicht Istkosten, sondern die während der angenommenen Nutzungsdauer erwarteten Kosten mit einem auf das einzelne Nutzungsjahr entfallenden Durchschnittsbetrag in die Rechnung ein.

Während der Nutzungsdauer der Maschine werden Instandhaltungskosten von voraussichtlich 20% des Wiederbeschaffungswertes anfallen.

$$\text{Instandhaltungskosten/Jahr} = \frac{W}{\text{Nutzungsdauer}} \times \text{Instandh.-Faktor}$$

$$= \frac{262.000\,\text{DM}}{10\,\text{Jahre}} \times \frac{20}{100} = 5.240\,\text{DM / Jahr}$$

$$\text{Instandhaltungskosten/MStd.} = \frac{5.240\,\text{DM}}{1.700\,\text{MStd.}} = \underline{3{,}08\,\text{DM / MStd.}}$$

c) Werterhöhende Reparaturen

83 Die Kosten werterhöhender Reparaturen werden bei der Errechnung des MS nicht in die Instandhaltungskosten einbezogen. Werterhöhende Reparaturen werden Erneuerungen gleichgestellt. Die genannten Kosten finden daher über die kalkulatorische Abschreibung Eingang in den MS.

5. *Energiekosten*

a) Umfang

84 Zu den Engergiekosten zählen die Kosten für Strom, Dampf, Benzin, Dieselöl usw., soweit die Energieträger dem Antrieb der Maschinen dienen. Als Energiekosten sind auch Verteilungskosten, Abschreibungskosten auf Energieeinrichtungen (z.B.: Transformator), Wartungskosten usw. anzusehen.

Besondere Bedeutung haben die Stromkosten, da in der Fertigung fast nur noch Kraftstrom - und zwar als fremdbezogene oder selbsterzeugte elektrische Energie - Verwendung findet.

b) Mittlere Inanspruchnahme

85 Da bei der Produktion die installierte Leistung einer Maschine unterschiedlich hoch in Anspruch genommen wird, darf bei der Ermittlung der Energiekosten nicht von den auf den Typenschildern der Aggregate angegebenen Verbrauchsdaten ausgegangen werden. Die dort genannten Größen haben nur als obere Grenzwerte Bedeutung!

Es hat sich als zweckmäßig erwiesen, die je Maschinenstunde verbrauchte Energiemenge über längere Zeit zu messen und bei der Errechnung der Energiekosten von der mittleren Inanspruchnahme auszugehen.

c) Energiekosten/Maschinenstunde

Mittlere Inanspruchnahme = Installierte Leistung x Ausnutzungsgrad 86
Energiekosten/MStd. = Mittlere Inanspruchnahme x Kostensatz

Beispiel:
Die installierte Leistung beträgt 30 kw, die im Durchschnitt mit 40% ausgenutzt wird. Die Kosten belaufen sich auf 0,18 DM/kwh.

Mittlere Inanspruchnahme	= 30 x 0,4 = 12 kwh
Energiekosten/MStd.	= 12 x 0,18 = **2,16 DM/MStd.**

6. Werkzeugkosten

a) Werkzeuge

Werkzeugkosten entstehen für auftragsgebundene, typengebundene und normale Maschinenwerkzeuge. 87

In den Maschinenstundensatz werden jedoch nur die *normalen* Werkzeugkosten aufgenommen. Das bedeutet, daß neben den auftrags- und typengebundenen Werkzeugen auch Vorrichtungen bei der Ermittlung der Kosten unberücksichtigt bleiben. Als Vorrichtungen sollen in diesem Zusammenhang Anlagen verstanden werden, die das Auf-, Um- und Abspannen der Werkzeuge erleichtern.

Normale Werkzeuge sind z.B. Fräser, Bohrer, Hobelstähle usw., die nicht nur der Herstellung eines bestimmten Produktes oder der Erledigung eines bestimmten Auftrages dienen.

b) Umfang

Zu den Werkzeugkosten rechnet zunächst der Wert des neuen Werkzeuges. Dabei spielt es keine Rolle, ob das Werkzeug vom Markt bezogen oder im Betrieb hergestellt worden ist. Der festgestellte Wert muß um den etwa am Ende der Nutzung vorhandenen Restwert gekürzt werden. 88

In der Regel kann ein Werkzeug mehrere Male aufgearbeitet werden, um dann erneut einsatzfähig zu sein. Die Kosten der Werkzeuginstandsetzung sind ebenfalls unter den Werkzeugkosten auszuweisen.

Nicht zu den Werkzeugkosten rechnen die Werkzeugwechselkosten, die anfallen, wenn ein verschlissenes Werkzeug gegen ein einwandfrei arbeitendes Werkzeug ausgetauscht wird. Die Werkzeugwechselkosten entstehen bei der Vergütung der Werkzeugwechselzeiten. Da diese Zeiten in den Vorgabezeiten enthalten sind, werden die Wechselkosten nicht als Werkzeugkosten, sondern als Lohnkosten auf den Kostenträger verrechnet.

c) Werkzeugkosten/Stunde Standzeit

Die Standzeit, d.h. die reine Arbeitszeit des Werkzeuges zwischen zwei Aufarbeitungen, beträgt im vorliegenden Beispiel 8 Stunden.

Bis zum endgültigen Verschleiß sind nach den in der Vergangenheit gemachten Erfahrungen voraussichtlich 6 Aufarbeitungen möglich.

Wie die Abbildung zeigt, ist die Zahl der Standzeiten immer um 1 größer als die Zahl der im Mittel ausführbaren Aufarbeitungen. Das bedeutet, daß das Werkzeug sieben Male eingesetzt werden kann.

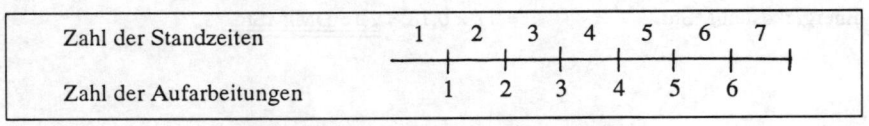

Zahl der Standzeiten	1	2	3	4	5	6	7
Zahl der Aufarbeitungen		1	2	3	4	5	6

Feststellung der Zahl der Standzeiten

Der Werkzeugneuwert ist mit 320,-- DM, der Restwert des Werkzeuges am Ende der letzten Standzeit mit 0 DM gegeben.

Je Aufarbeitung sind 30 Minuten anzunehmen. Der Lohnsatz des die Aufarbeitung ausführenden Arbeiters ist mit 19,20 DM/Stunde bekannt. Der FGK-Satz der Reparaturwerkstatt liegt mit 140 % (Basis = Reparaturlohn) vor.

Werkzeugkosten:

Werkzeugneuwert - Restwert   320,-- DM

Kosten der Instandsetzung:
 Zeitaufwand = 6 × 30 = 180 Minuten
 Lohnkosten = 180 Minuten × 0,32 DM/Minute =   57,60 DM
 FGK = 140 % von 57,60 DM =   80,65 DM

         Summe =   <u>458,25 DM</u>

$$\text{Werkzeugkosten / Stunde Standzeit} = \frac{\text{Werkzeugkosten}}{\text{Gesamtstandzeit}}$$

$$= \frac{458{,}25}{(7 \times 8)\,\text{Std.}}$$

$$= 8{,}18 \text{ DM / Stunde Standzeit}$$

d) Werkzeugkosten/Maschinenstunde

In der Maschinenstunde sind Zeiten enthalten, in denen das Werkzeug keine Arbeit leistet, also auch keiner Abnutzung unterliegt. So tritt z.B. kein Verschleiß während der Vorbereitung der Auftragsausführung ein.

Es ist deshalb erforderlich, den auf der Grundlage "Standzeit" festgestellten Stundensatz auf eine Maschinenstunde umzurechnen.

Im vorliegenden Beispiel wird davon ausgegangen, daß das Werkzeug während 90 % der Maschinenstunde arbeitet. Die verbleibenden 10 % der Stunde sollen als Rüstzeit angesehen werden. D.h., daß der Anteil der Werkzeugkosten an der Maschinenstunde 90 % der für die Stunde Standzeit errechneten Kosten ausmacht.

Werkzeugkosten/MStd. = 90 % von 8,18 DM/Stunde Standzeit
= 7,36 DM/MStd.

Es wurde schon darauf hingewiesen, daß in den Maschinenstundensatz nur die normalen Werkzeugkosten Eingang finden. Kosten für z.B. auftragsgebundene Werkzeuge werden dagegen dem jeweiligen Auftrag unmittelbar zugerechnet.

Kommt bei Durchführung eines Auftrages statt des Normalwerkzeuges ein auftraggebundenes Werkzeug an einer Maschine zur Verwendung, erfolgt somit die Verrechnung der Werkzeugkosten direkt auf den Auftrag, dann muß bei der Kalkulation der unmittelbar maschinenabhängigen Kosten der Maschinenstundensatz um den Anteil der Kosten für Normalwerkzeuge gekürzt werden, wenn eine Doppelbelastung mit Werkzeugkosten vermieden werden soll.

In der betrieblichen Praxis stellt sich immer wieder die Frage, ob und ggf. wie die Werkzeugkosten in den Stundensatz einbezogen werden sollen, wenn an einer Anlage verschiedene Werkzeuge nacheinander zum Einsatz kommen, die unterschiedlich hohe Kosten verursachen und - abhängig vom herzustellenden Erzeugnis - während einer Stunde in wechselndem Umfang herangezogen werden.

Hier besteht die Möglichkeit, für die einzelnen Werkzeuge die Kosten gesondert zu planen und aus den Einzelbeträgen als arithmetisches *Mittel* die Werkzeugkosten abzuleiten.

Da auf diese Weise der zu kalkulierende Auftrag mit durchschnittlichen Werkzeugkosten belastet wird, bleibt zu prüfen, ob mit dem nicht geringen Planungsaufwand überhaupt eine Verbesserung der Kalkulationsergebnisse gegenüber der Verrechnung der Werkzeugkosten innerhalb der *Restfertigungsgemeinkosten* einhergeht.

7. *Feststellung des Maschinenstundensatzes*

Bei der Planung des MS haben nur die Kosten Berücksichtigung gefunden, die auf die Höhe des Stundensatzes maßgeblich Einfluß nehmen und deren Errechnung ohne größere Schwierigkeiten erfolgen kann:

Kalk. Abschreibung	= 15,41 DM/MStd.
Kalk. Zins	= 6,94 "
Instandhaltungskosten	= 3,08 "
Raumkosten	= 0,56 "
Energiekosten	= 2,16 "
Werkzeugkosten	= 7,36
Maschinenstundensatz	= __35,51 DM/MStd.__

94 In den MS können weitere Kostenarten einbezogen werden, wenn sie die genannten Bedingungen erfüllen: Schmiermittelkosten, Reinigungskosten, Kühlmittelkosten, Kosten der Maschinenversicherung, anteilige Steuern, Kosten anschließbarer Aggregate (B.: Preßluftanlage), Überwachungskosten usw.

Beispiele:
a) Schmiermittelkosten

Der Gesamtbedarf an Schmieröl soll mit 126 l/Jahr geplant worden sein. Bei einem Preis von 4,40 DM/l ergeben sich Kosten von 554,40 DM/Jahr.

Unter Berücksichtigung der erreichbaren Nutzungszeit der Maschine von 1.700 Std./Jahr sind die Schmiermittelkosten mit (554,40 DM : 1.700 MStd. =) 0,33 DM/MStd. zu errechnen.

b) Kühlmittelkosten

Die Kühlmittelkosten setzen sich aus den Kosten für Schneideöl und Wasser zusammen.

Wenn man davon ausgeht, daß Schneideöl und Wasser im Verhältnis 1:30 zum Kühlmittel gemischt werden, kommt es bei einem geplanten Verbrauch von 270 l Schneideöl/Jahr zu einem Wasserverbrauch von 8.100 l/Jahr.

Bei einem Preis von 5,60 DM je Liter Schneideöl und 2,40 DM je Kubikmeter Wasser betragen die gesamten Kühlmittelkosten 1.531,44 DM/Jahr.

Wenn von einer Soll-Maschinenzeit der Anlage von 1.700 MStd./Jahr ausgegangen wird, betragen die Kühlmittelkosten (1.531,44 DM : 1.700 MStd. =) 0,90 DM/MStd.

c) Kosten der Maschinenversicherung

Der Versicherungsbeitrag wird auf der Basis des gleitenden Neuwerts bestimmt. Bei der Kostenplanung ist folglich vom Wiederbeschaffungswert der Anlage aufzugehen.

Als Versicherungsbeitrag sollen 3 $^o/_{oo}$ des Wiederbeschaffungswertes vereinbart sein. Die Versicherungssteuer kommt mit 5 % des Beitrages zum Ansatz.

Im Beispiel soll der W = 262.000,-- DM und die erreichbare Nutzungszeit der Maschine 1.700 Std./Jahr betragen.

```
Beitrag  = 3 ‰ v. 262.000,-- DM        = 786,-- DM/Jahr
Steuer   = 10 % v. 786,-- DM           =  78,60 DM/Jahr
Jahreskosten                           = 864,60 DM/Jahr
```

Versicherungskosten (864,60 DM : 1.700 MStd. =) 0,51 DM/MStd.

d) Reinigungskosten

```
6 Rollen Papier                        = 240,-- DM/Jahr
100 Tücher                             = 400,-- DM/Jahr
                                       = 640,-- DM/Jahr
```

Reinigungskosten bei einer Nutzungszeit von 1.700 MStd./Jahr (640,-- DM : 1.700 MStd. =) 0,38 DM/MStd.

E. Einfluß der Vorgabezeit auf die Höhe des Stundensatzes

I. Auswirkungen

95 Wenn der Betrieb ein Leistungslohnsystem eingeführt hat, weicht die Vorgabezeit, mit der in der Kalkulation (meist) gerechnet wird, von der Verbrauchszeit in aller Regel ab. Die Abweichungen finden, wenn sie unerheblich sind, bei der Ermittlung der maschinenabhängigen Kosten keine Berücksichtigung.

Oft werden Differenzen zwischen Vorgabe- und Verbrauchszeit von ca. + 15 % bis 30 % festzustellen sein. Diese Abweichungen dürfen bei der Errechnung der maschinenabhängigen Kosten nicht übersehen werden, da sonst bei der Verwendung von Vorgabezeiten in der Kalkulation die Maschinenkosten mit einem zu hohen Betrag zum Ansatz kommen.

II. Zeitgrad

Wesen

96 Der Zeitgrad ist das Verhältnis von vorgegebener Soll-Zeit zu erzielter Ist-Zeit.

$$\text{Zeitgrad} = \frac{\text{Vorgegebene Zeit}}{\text{Verbrauchte Zeit}} \times 100 = \qquad (\%)$$

Bei der Feststellung des Zeitgrades werden über dem Bruchstrich alle Vorgabezeiten ausgewiesen; auch die für das Rüsten angesetzten Zeiten finden folglich hier Berücksichtigung. Unter dem Bruchstrich wird die Zeit genannt, die im betrachteten Zeitraum bei der Erledigung von Akkordarbeiten verbraucht wurde.

Der Zeitgrad (Ergebnisgrad) kann für einen Arbeiter, mehrere Beschäftigte, eine Abteilung oder den ganzen Betrieb bestimmt werden. Als Beobachtungszeitraum wird die Schicht, der Tag, die Woche oder der Monat gewählt. Gelegentlich ist der Zeitgrad auch auf einen Auftrag bezogen.

Im Gegensatz zum Leistungsgrad wird der Zeitgrad nicht geschätzt, sondern rechnerisch ermittelt.

Beispiel: Bestimmung des Zeitgrades:

Name: Schulze	Abteilung: Dreherei	Periode: August	
Tag	vorgegebene Zeit	verbrauchte Zeit	Zeitgrad
...			
...			
4.8.	450 Minuten	430 Minuten	105 %
5.8.	480 Minuten	410 Minuten	117 %
6.8.	420 Minuten	375 Minuten	112 %
7.8.	440 Minuten	400 Minuten	110 %
8.8.	460 Minuten	410 Minuten	112 %
...			
...			

Einflußgrößen

Die errechneten Zeitgrade liegen in einem Bereich von ca. 75 % bis ca. 150 %.

Welcher Zeitgrad erreicht wird, ist von verschiedenen Größen abhängig. So nimmt auf die Höhe des Zeitgrades der durchschnittliche Leistungsgrad des Arbeiters während der beeinflußbaren Zeiten und der Anteil der beeinflußbaren Zeiten an der Gesamtvorgabe Einfluß. Es spielt auch eine Rolle, ob die sog. unbeeinflußbaren Zeiten, Verteilzeiten und Erholungszeiten eingehalten werden.

97

Beispiel: Einfluß des Leistungsgrades

	Fall 1	Fall 2
Beeinflußbare Zeit	20 Minuten	20 Minuten
Unbeeinflußbare Zeit	40 Minuten	40 Minuten
Leistungsgrad	100 %	125 %
Zeitgrad	100 %	107 %

Es ist nicht zuletzt von der Leistungsfähigkeit des Arbeiters abhängig, welcher Leistungsgrad geschätzt wird. Die Steigerung der Leistungsfähigkeit ist u.a. durch eine zweckentsprechende Arbeitsunterweisung möglich, wenn der Unterwiesene die geistigen, körperlichen und seelischen Voraussetzungen für die Bewältigung der Arbeit mitbringt.

Beispiel: Einfluß des Anteils der beeinflußbaren Zeiten

	Fall 1	Fall 2
Beeinflußbare Zeit	30 Minuten	20 Minuten
Unbeeinflußbare Zeit	30 Minuten	40 Minuten
Leistungsgrad	125 %	125 %
Zeitgrad	111 %	107 %

Je kleiner der Anteil an beeinflußbaren Zeiten innerhalb der Gesamtvorgabezeit ist, desto weniger kann der arbeitende Mensch den Zeitgrad beeinflussen.

Für den Anteil der unbeeinflußbaren Zeit an der Gesamtvorgabe sind meist technische Gründe maßgebend. So ist z.B. eine bestimmte Preßdauer einzuhalten, wenn die Qualität der zu fertigenden Erzeugnisse den Ansprüchen der Abnehmer genügen soll.

III. Kalkulation der maschinenabhängigen Kosten/Auftrag

Beispiel:
Vorgabezeit = 100 Minuten = 1,666 Std.
Zeitgrad = 125 %
MS = 35,51 DM/MStd.

98 Bei Anwendung von *Methode 1* muß zunächst die Bestimmung der bei Erledigung eines Auftrages zum Verbrauch kommenden Zeit vorgenommen werden.

Dazu ist der durchschnittliche Zeitgrad des die Maschine bedienenden Arbeiters oder der durchschnittliche Zeitgrad der Kostenstelle heranzuziehen.

$$\text{Zeitgrad} = \frac{\text{Vorgegebene Zeit}}{\text{Verbrauchte Zeit}} \times 100$$

$$\text{Verbrauchte Zeit} = \frac{\text{Vorgegebene Zeit}}{\text{Zeitgrad}} \times 100$$

$$= \frac{100 \times 100}{125} [\text{Minuten}]$$

$$= 80 \text{ Minuten} = 1,333 \text{ Std.}$$

Danach kann die Kalkulation der maschinenabhängigen Kosten stattfinden:

Maschinenabhängige Kosten/Auftrag = 35,51 DM/MStd. × 1,333 Std.
= <u>47,33 DM/Auftrag</u>

Methode 2 sieht eine Reduzierung des MS im Verhältnis der vorgegebenen Zeit zur verbrauchten Zeit unter Verwendung des Zeitgrades vor:

$$\text{Reduzierter Stundensatz} = \frac{\text{Bisheriger Stundensatz}}{\text{Zeitgrad}} \times 100$$

$$= \frac{35,51 \times 100}{125} = 28,41 \text{DM} / \text{MStd}.$$

Daran anschließend können die maschinenabhängigen Kosten kalkuliert werden.

Maschinenabhängige Kosten/Auftrag = 28,41 DM/MStd. × 1,666 Std.

= <u>47,33 DM/Auftrag</u>

Da Methode 1 immer wieder eine Umrechnung (der jeweiligen Vorgabezeit in die Verbrauchszeit) notwendig macht, Methode 2 dagegen nur einmal die Reduzierung des MS erfordert, sollte aus Gründen der Arbeitsvereinfachung Methode 2 gewählt werden.

F. Stundensatz bei zweischichtiger Auslastung des Betriebes

100 Für eine Anlage mit einem Wiederbeschaffungswert von 262.000,-- DM wurde die Nutzungsdauer mit 10 Jahren bzw. mit max. 20.000 Stunden angenommen. Die Soll-Maschinenzeit wurde für den Ein-Schicht-Betrieb mit 1.700 Stunden im Jahr bestimmt.

Der für diesen Fall gültige Stundensatz ist mit 35,51 DM festgestellt worden. Die Anteile der verschiedenen unmittelbar maschinenabhängigen Kosten am Stundensatz wurden dabei in der in der folgenden Tabelle ausgewiesenen Höhe errechnet.

Um den für den Zwei-Schicht-Betrieb gültigen Stundensatz ermitteln zu können, sind die genannten Kosten nach ihren fixen und proportionalen Bestandteilen aufzuspalten.

Kostenart	Maschinen-Stundensatz	% fix	% prop.	DM/MStd. fix	DM/MStd. prop.
Kalkulatorische Abschreibung	15,41 DM	15	85	2,31	13,10
Kalkulatorischer Zins	6,94 DM	100	-	6,94	-
Raumkosten	0,56 DM	90	10	0,50	0,06
Instandhaltungskosten	3,08 DM	25	75	0,77	2,31
Energiekosten	2,16 DM	20	80	0,43	1,73
Werkzeugkosten	7,36 DM	15	85	1,10	6,26
-	35,51 DM	-	-	12,05	23,46

101 Bei einschichtiger Auslastung ist in der kalkulatorischen Abschreibung ein proportionaler Anteil von 85 % (17.000 MStd. = 85 % von 20.000 MStd.) und ein fixer Anteil von 15 % enthalten.

Die für die kalkulatorische Abschreibung auf der Grundlage dieser Sätze ermittelten und in der vorstehenden Tabelle ausgewiesenen Kostenbestandteile lassen sich auch in folgender Weise errechnen:

Plannutzungsdauer bei Zeitverschleiß = 10,00 Jahre
Plannutzungsdauer bei Gebrauchsverschleiß = 11,76 Jahre
(20.000 MStd. : 1.700 MStd./Jahr)

kalk. Abschreibung bei Zeitverschleiß
262.000 DM : 10 Jahre = 26.200,-- DM/Jahr
kalk. Abschreibung bei Gebrauchsverschleiß
262.000 DM : 11,76 Jahre = 22.279,-- DM/Jahr

Gesamtabschreibung	= 26.200,-- DM/Jahr
- Gebrauchsabschreibung	= 22.279,-- DM/Jahr
Zeitabschreibung	= 3.921,-- DM/Jahr

Prop. Kosten/MStd. = 22.279,-- DM/Jahr : 1.700 MStd./Jahr
= **13,10 DM/MStd.**
Fixe Kosten/MStd. = 3.921,-- DM/Jahr : 1.700 MStd./Jahr
= **2,31 DM/MStd.**

In Literatur und Praxis wird die Frage nach dem Kostencharakter der kalkulatorischen Abschreibung nicht einheitlich beantwortet.

Im vorstehenden Beispiel ist die Nutzungsdauer des Gebrauchsverschleißes größer als die Nutzungsdauer des Zeitverschleißes. In diesem Fall werden oft die kalkulatorischen Abschreibungen in voller Höhe den fixen Kosten zugeordnet.

Für die übrigen Kostenaraten sollen die fixen und proportionalen Bestandteile mit Hilfe der Methoden der Kostenauflösung bestimmt worden sein.

Bei Zwei-Schicht-Betrieb kann die Anlage die möglichen 20.000 Nutzungsstunden voll erbringen. Die kalkulatorische Abschreibung ist mit (262.000,-- DM Wiederbeschaffungswert : 20.000 Stunden =) 13,10 DM/MStd. zu ermitteln. Im vorliegenden Beispiel wird die kalkulatorische Abschreibung folglich zu den proportionalen Kosten gezählt. Die für den Ein-Schicht-Betrieb und Zwei-Schicht-Betrieb genannten Proportionalkosten/Maschinenstunde stimmen damit überein.

Wenn man unterstellt, daß bei allen anderen Kostenarten die

- Proportionalkosten/Maschinenstunde unverändert bleiben;
- Fixkosten/Maschinenstunde wegen der Verdoppelung der Stundenzahl/Jahr mit der Hälfte des bisherigen Wertes zu berücksichtigen sind,

läßt sich der Maschinenstundensatz für den Fall der zweischichtigen Auslastung mit 28,34 DM/MStd. errechnen:

Kostenart	DM / Maschinenstunde		
	fix	prop.	gesamt
Kalkulatorische Abschreibung	-	13,10	13,10
Kalkulatorischer Zins	3,47	-	3,47
Raumkosten	0,25	0,06	0,31
Instandhaltungskosten	0,39	2,31	2,70
Energiekosten	0,22	1,73	1,95
Werkzeugkosten	0,55	6,26	6,81
	4,88	23,46	28,34

G. Kosten der nicht genutzten Kapazität

Wenn die Soll-Maschinenzeit nicht voll in Anspruch genommen wird, entstehen Kosten aus nicht genutzter Kapazität. Für den Betrieb ist es deshalb besonders wichtig zu wissen, wie weit bei Durchführung des vorgesehenen Produktionsprogrammes die Maschinen ausgelastet werden.

Zeigen die anzustellenden Überlegungen, daß die Anlagen nicht ständig im Einsatz sind, muß der Betrieb eine Erweiterung des Programmes anstreben. Welche Produkte verstärkt oder zusätzlich hergestellt werden sollen, kann nur in enger Abstimmung mit der Vertriebsleitung bestimmt werden, da sie für den späteren Absatz der Erzeugnisse verantwortlich zeichnet und die getroffenen Maßnahmen u.U. mit einer gezielten Preispolitik Hand in Hand gehen müssen.

Wenn auf längere Sicht kein Programm entwickelt werden kann, dessen Durchführung die Inanspruchnahme der Soll-Maschinenzeit zur Folge hat, wird sich eine Anpassung der Fertigungskapazität an das Programm nicht vermeiden lassen.

Das Programm ist von der erwarteten zukünftigen Beschäftigung abzuleiten. Diese Beschäftigung wird oft vom Absatz abhängig sein. Gelegentlich wird die erwartete Beschäftigung auch von einem anderen Teilbereich des Unternehmens bestimmt. Wenn z.B. die Beschaffung von Materialien (Arbeitskräften; finanziellen Mitteln) auf Schwierigkeiten stößt, würde die Beschaffungsseite für die Festlegung der erwarteten zukünftigen Beschäftigung maßgebend sein.

Für die erwartete Beschäftigung ist folglich der jeweilige Minimumsektor von Bedeutung.

Wenn die Gegenüberstellung der für die Erledigung des geplanten Programmes erforderlichen Maschinenstunden mit den erreichbaren Stunden einen Engpaß deutlich macht, muß der Betrieb sich dieser Situation ebenfalls anpassen. Er hat zu prüfen, ob die Anschaffung weiterer Maschinen sinnvoll und kurzfristig möglich ist bzw. ob das Programm gekürzt werden soll. Erfährt das Programm eine Einschränkung, muß gleichzeitig entschieden werden, ob Kundenwünsche dadurch erfüllt werden können, daß der Betrieb Lohnaufträge vergibt oder Handelsware beschafft.

Im folgenden Beispiel wird davon ausgegangen, daß die Soll-Maschinenzeit einer Anlage mit 1.700 Stunden im Jahr ermittelt worden war, die Maschine aber nur mit 1.480 Stunden/Jahr zum Einsatz gekommen ist. Die nicht genutzte Kapazität beträgt somit 220 Stunden/Jahr.

Der Maschinenstundensatz soll 35,51 DM/MStd. betragen. Sein fixer Bestandteil soll mit 12,05 DM/MStd., sein proportionaler Anteil mit 23,46 DM/MStd. errechnet worden sein.

Bei einer Auslastung der Maschine mit 1.480 Stunden/Jahr entstehen:

proportionale Kosten (1.480 Std. × 23,46 DM/MStd.)	= 34.720,80 DM
fixe Kosten (1.700 Std. × 12,05 DM/MStd.)	= 20.485,-- DM
Sollkosten	= 55.205,80 DM

Die maschinenabhängigen Kosten, die auf die von der Anlage hergestellten Erzeugnisse verrechnet werden konnten, ergeben sich mit (1.480 Std. × 35,51 DM/MStd. =) 52.554,80 DM.

Der sich als Differenz zwischen Verrechneten Kosten und Sollkosten ergebende Betrag hat keine Deckung gefunden. Er stellt die Kosten der nicht genutzten Kapazität (Beschäftigungsabweichung) dar und entspricht den ungedeckten Fixkosten von (220 Std. × 12,05 DM/MStd. =) 2.651,-- DM.

H. Einfluß der Maschinenstundensatz-Rechnung auf die Betriebsabrechnung

Die Betriebsabrechnung wird durch die Maschinenstundensatz-Rechnung nur in geringem Umfang beeinflußt. 107
Wegen der besonderen Verrechnung der unmittelbar maschinenabhängigen Kosten in der Kalkulation wird es grundsätzlich allein notwendig, die Maschinenkosten aus den von der MSR berührten Fertigungsstellen (= Meisterschaften) auszugliedern und in einer besonderen Spalte des Betriebsabrechnungsbogens (BAB I) zu erfassen.
Die auf den in Frage kommenden Stellen verbleibenden Gemeinkosten werden in herkömmlicher Weise behandelt. Das bedeutet, daß den Restgemeinkosten - zu denen Sozialkosten, Hilfslöhne, Hilfs- und Betriebsstoffe usw. zählen - eine Zuschlagsbasis gegenüberzustellen ist. Als Basis werden meist die in der Stelle angefallenen Fertigungs- oder Maschinenstunden gewählt. Aus der Gegenüberstellung resultiert der Zuschlagssatz, auf den in der Kalkulation bei Bestimmung der Rest-FGK zurückgegriffen wird.

Der beschriebene Sachverhalt wird durch folgende Darstellung deutlich:

Vorspalte	BAB I - Fertigungsbereich			
	Meisterschaft 1	Meisterschaft 2	Stellen, die von der MSR nicht berührt werden	
Unmittelbar maschinenabhängige Kosten	Rest-FGK	Rest-FGK	FGK	FKG
Σ	Σ	Σ	Σ	Σ
-	Zuschlagsbasis	Zuschlagsbasis	Zuschlagsbasis	Zuschlagsbasis
-	Zuschlagssatz	Zuschlagssatz	Zuschlagssatz	Zuschlagssatz

Betriebsabrechnungsbogen

Der vorliegende BAB I wird noch eine Erweiterung erfahren, wenn die Verrechnung 108 innerbetrieblicher Leistungen im Rahmen der Stellenrechnung beabsichtigt ist.
Unter innerbetrieblichen Leistungen werden eigenverbrauchte Leistungen des Betriebes verstanden. Innenleistungen sind für den Betrieb selbst bestimmt und werden deshalb nicht abgesetzt.

I. Kalkulation der Fertigungskosten

109 **Aufgabe:**
Es sind die Fertigungskosten einer Leistungseinheit (LE) festzustellen. Dabei ist zu beachten, daß das zu kalkulierende Erzeugnis neben drei Meisterschaften die Montageabteilung durchläuft, die von der Stundensatzrechnung nicht berührt wird.

Gegeben:

1. Meisterschaften

Fertigungsstelle	Zum Einsatz gekommene Maschine	Dauer des Maschineneinsatzes	Stundensatz
Meisterschaft 1	X	13 Std./LE	6,- DM/MStd.
Meisterschaft 2	Y	8 Std./LE	5,- DM/MStd.
Meisterschaft 3	Z	6 Std./LE	7,- DM/MStd.

Fertigungsstelle	Rest-FGK DM/Monat	Zuschlagsbasis	Fertigungslohn/LE
Meisterschaft 1	1.000,-	2.000,- DM Fert.-Lohn	100,- DM
Meisterschaft 2	6.000,-	3.000 Masch.-Std.	40,- DM
Meisterschaft 3	720,-	1.200,- DM Fert.-Lohn	80,- DM

2. Montageabteilung

Es sind 10 Fertigungsstunden je Einheit aufzuwenden. Der Fertigungslohn wird mit 7,- DM/Fertigungsstunde verrechnet.
Die Fertigungsgemeinkosten betragen 3.000,- DM/Monat. Als Zuschlagsbasis sind 1.000 Fertigungsstunden/Monat ausgewiesen.

Lösung:

1. Bestimmung der Zuschlagssätze

Meisterschaft 1: $\dfrac{1000\,\text{DM}}{2000\,\text{DM}} \times 100 = 50\,\%\,(\text{Basis} = \text{FL})$

Meisterschaft 2: $\dfrac{6000\,\text{DM}}{3000\,\text{MStd}} = 2,- \text{DM}/\text{MStd}.$

Meisterschaft 3: $\dfrac{720\,\text{DM}}{1200\,\text{DM}} \times 100 = 60\%$ (Bais=FL)

Montage: $\dfrac{3000\,\text{DM}}{1000\,\text{FStd.}} = 3,-\text{DM}/\text{FStd.}$

2. Kalkulation

Meisterschaft 1:	Fertigungslohn	100,- DM/LE	
	masch.-abhg. Kosten	78,- DM/LE	(13 MStd. × 6,- DM/MStd.)
	Rest-FGK	50,- DM/LE	(50% v. FL)
Meisterschaft 2:	Fertigungslohn	40,- DM/LE	
	masch.-abhg. Kosten	40,- DM/LE	(8 MStd. × 5,- DM/MStd.)
	Rest-FGK	16,- DM/LE	(8 MStd. × 2,- DM/MStd.)
Meisterschaft 3:	Fertigungslohn	80,- DM/LE	
	masch.-abhg. Kosten	42,- DM/LE	(6 MStd. × 7,- DM/MStd.)
	Rest FGK	48,- DM/LE	(60 % v. FL)
Montage:	Fertigungslohn	70,- DM/LE	(10 FStd. × 7,- DM/FStd.)
	FGK	30,- DM/LE	(10 FStd. × 3,- DM/FStd.)
	Fertigungskosten/LE	__594,- DM/LE__	

J. Maschinenbelegung

110 Wenn man unter "Controlling" ein funktionsübergreifendes Steuerungsinstrument versteht, wird es auch Aufgabe des Controllers sein, Maschinenstundensätze zu interpretieren und betriebswirtschaftliche Zusammenhänge mit Blick auf die Maschinenbelegung aufzuzeigen.

Bei der Bestimmung der zum Einsatz kommenden Maschinen spielen zunächst technische Gesichtspunkte eine Rolle. Soweit mehrere Maschinen für die Erledigung eines Arbeitsganges in Betracht kommen, sind im Rahmen der Arbeitsplanung auch wirtschaftliche Überlegungen anzustellen.

Im folgenden Beispiel wird unterstellt, daß

- eine bestimmte Menge eines Erzeugnisses
- auf Maschine A oder auf Maschine B

gefertigt werden soll. Außerdem wird angenommen, daß beide Maschinen

- im Betrieb vorhanden sind;
- freie Kapazitäten aufweisen.

Es ist somit davon auszugehen daß

- die fixen Kosten für *beide* Maschinen anfallen;
- der Erlös sich in *fester* Höhe ergibt,

gleichgültig, ob Maschine A oder Maschine B produziert.

111 Das bedeutet, daß das bestmögliche Ergebnis nur von der Höhe der Proportionalkosten abhängig ist:

```
  Erlös                       = const.
– proportionale Kosten
----------------------------
= Deckungsbeitrag
– fixe Kosten                 = const.
----------------------------
± Ergebnis
```

Der Belegungsentscheid muß folglich im Anschluß an eine *Grenzkostenrechnung* getroffen werden. Dazu ist es erforderlich, den Maschinenstundensatz in seinen fixen und proportionalen Anteil zu zerlegen.

Aufgabe: Unter Kostengesichtspunkten soll entschieden werden, ob Maschine A oder Maschine B zum Einsatz kommt. 112
Es ist eine Form zu kaufen, die nach Fertigung der Auftragsmenge keinen Restwert besitzt. Da ein auftragsgebundenes Werkzeug benutzt wird, war der Maschinenstundensatz um die Kosten der Normalwerkzeuge zu kürzen.
Für beide Maschinen ist der gleiche Fertigungslohn/Zeiteinheit aufzuwenden.

Gegeben:

	Masch. A		Masch. B
Prop. Kosten	12,-	DM/MStd.	18,-
Fixe Kosten	6,-	DM/MStd.	8,-
Maschinenstundensatz	18,-	DM/MStd.	26,-
Bearbeitungszeit	0,8	Min./LE	0,4
Menge	20.000	LE	20.000
Form	4.000,-	DM	6.000,-
Fertigungslohn	15,-	DM/Std.	15,-

Lösung:

	Masch. A.	Masch. B
Prop. Kosten/LE	Min./LE × DM/Min. 0,8 × 0,2 = -,16 DM/LE	Min./LE × DM/Min. 0,4 × 0,3 = -,12 DM/LE
Formkosten/LE	= -,20 DM/LE	= -,30 DM/LE
Masch.Kosten/LE	= -,36 DM/LE	= -,42 DM/LE

Berücksichtigung der Fertigungslohnkosten/LE:

	A	B
FL.-Kosten/LE	Min./LE × DM/Min. 0,8 × 0,25 = -,20 DM/LE	Min./LE × DM/Min. 0,4 × 0,25 = -,10 DM/LE
Masch.-Kosten/LE	= -,36 DM/LE	= -,42 DM/LE
Gesamtkosten/LE	= -,56 DM/LE	= -,52 DM/LE

K. Übungen

I. Ermittlung des Maschinenstundensatzes

113 Bei der Errechnung des MS wird von den nachstehenden Daten ausgegangen:

1. Arbeitszeit gem. Tarifvertrag: 52 Wochen zu je 40 Stunden
   Erwartete Ausfallzeiten: 16 %

   Die für die erreichbare Nutzungszeit errechnete Größe ist auf volle 100 Stunden herabzusetzen.

2. Einführung der Stundensatzrechnung: April 1990
   Baujahr der Maschine: 1986
   Gesamtanschaffungswert: 145.000,-- DM

Erzeugerpreisindices für spanende Metallbearbeitungsmaschinen- Jahresdurchschnitt

1985	1986	1987	1988	1989	4/90
100,0	105,6	111,4	113,8	116,5	121,0

Der Wiederbeschaffungswert ist auf volle zehntausend DM zu erhöhen.

3. Nutzungsdauer der Maschine: 10 Jahre
   Restwert am Ende der Nutzungsdauer: 0 DM

4. Zinssatz für langfristig gebundenes Fremdkapital: 9 %

5. Während der Nutzungsdauer der Maschine werden Instandhaltungskosten von voraussichtlich 22 % des Wiederbeschaffungswertes anfallen.

6. Die Maschine nimmt 12 qm Raum ein.
   Verrechnungssatz: 10,-- DM/qm im Monat

7. Installierte Leistung: 20 kw
   Ausnutzung: im Mittel mit 50 %
   Kosten: 0,28 DM/kwh

8. Wert des neuen Werkzeugs: 800,-- DM
   Zahl der im Mittel ausführbaren Instandsetzungen: 3
   Kosten je Instandsetzung zu ermitteln aus:
       Zeitaufwand: 40 Minuten
       FGK (Basis-Lohn):   120 %
       Lohnsatz: 12,40 DM/Std.
       Standzeit: 11 Stunden
       Lastlaufzeit: 90 % der MStd.

Lösung:

1. Erreichbare Nutzungszeit
   52 × 40 Std.   = 2.080 Std.
   - 16 %   =   333 Std.
                       1.747 Std.

   In die Rechnung einzubeziehen: **1.700 Stunden**

2. Wiederbeschaffungswert

   $$W = 145.000 \times \frac{121,0}{105,6} = 166.145,83$$

   In die Rechnung einzubeziehen: **170.000,-- DM**

3. Kalkulatorische Abschreibung

   $$\text{Rate / Jahr} = \frac{170.000 \text{ DM}}{10} = 17.000,- \text{DM}$$

   $$\text{Abschreibung/MStd.} = \frac{17.000}{1.700} = \underline{10,-- \text{ DM/MStd.}}$$

4. Kalkulatorischer Zins

   $$\text{Zins/Jahr} = \frac{170.000}{2} \times \frac{9}{100} = 7.650,- \text{ DM}$$

   $$\text{Zins/Mstd.} = \frac{7.650}{1.700} = \underline{4,50 \text{ DM / MStd.}}$$

5. Instandhaltungskosten

   $$\text{Instandhaltungskosten/Jahr} = \frac{170.000}{10} \times \frac{22}{100} = 3.740,- \text{ DM}$$

   $$\text{Instandhaltungskosten/MStd.} = \frac{3.740}{1.700} = \underline{2,20 \text{ DM / MStd.}}$$

6. Raumkosten

   $$\text{Raumkosten/Jahr} = (12 \times 10) \times 12 = 1.440,-- \text{ DM}$$

   $$\text{Raumkosten/MStd.} = \frac{1.440}{1.700} = \underline{0,85 \text{ DM / MStd.}}$$

7. Energiekosten

   Mittlere Inanspruchnahme = 20 × 0,5 = 10 kw/MStd.

   Energiekosten/MStd. = 10 × 0,28 = <u>2,80 DM/MStd.</u>

8. Werkzeugkosten

Wert des neuen Werkzeugs =	800,-- DM
Instandsetzungskosten:	
3 × 40 Min. = 120 Min. × 0,21 DM/Min. =	25,20 DM
FGK = 120 % von 25,20 DM =	30,24 DM
Werkzeugkosten gesamt	855,44 DM

   Einsatzzeit des Werkzeugs = 4 × 11 Std. = 44 Std.

   Werkzeugkosten/Stunde Standzeit = $\frac{855,44}{44}$ = 19,44 DM/Stunde Standzeit

   Werkzeugkosten/MStd. = 19,44 × 0,9 = <u>17,50 DM/MStd.</u>

Maschinenstundensatz

Kalkulatorische Abschreibung	= 10,-- DM/MStd.
Kalkulatorischer Zins	= 4,50 DM/MStd.
Instandhaltungskosten	= 2.20 DM/MStd.
Raumkosten	= 0,85 DM/MStd.
Energiekosten	= 2,80 DM/MStd.
Werkzeugkosten	= 17,50 DM/MStd.
Maschinenstundensatz	= 37,85 DM/MStd.

II. Maschinenbelegung

114 Entscheiden Sie unter Kostengesichtspunkten, ob Maschine A oder Maschine B zum Einsatz kommen soll.

Berücksichtigen Sie, daß beide Maschinen im Betrieb vorhanden und unterbeschäftigt sind. Ihre fixen Kosten werden anfallen, unabhängig davon, welche Maschine belegt wird.

Es ist eine Form zu kaufen, die nach Fertigung der Auftragsmenge keinen Restwert besitzen soll. Da ein auftragsgebundenes Werkzeug benutzt wird, war der Maschinenstundensatz um die Kosten der Normalwerkzeuge zu kürzen.

Für beide Maschinen ist der gleiche Fertigungslohn/Zeiteinheit aufzuwenden.

Gegeben:

	Maschine A	Maschine B
Prop. Kosten/MStd.	15,- DM/MStd.	18,- DM/MStd.
Fixe Kosten/MSt.	9,- DM/MStd.	10,- DM/MStd.
Maschinenstundensatz	24,- DM/MStd.	28,- DM/MStd.
Bearbeitungszeit	1,0 Min./LE	0,6 Min./LE
Herzustellende Menge	40 000 LE	40 000 LE
Gesamtanschaffungswert der Form	6 000,- DM	10 000,- DM
Fertigungslohn/Std.	14,- DM/Std.	14,- DM/Std.

Lösung:

	Maschine A		Maschine B	
Prop. Kosten/LE	Min./LE × DM/Min. 1,0 × 0,25	DM/LE = 0,25	Min./LE × DM/Min. 0,6 × 0,30	DM/LE = 0,18
Formkosten	$\dfrac{6\,000\text{ DM}}{40\,000\text{ LE}}$	= 0,15	$\dfrac{10\,000\text{ DM}}{40\,000\text{ LE}}$	= 0,25
Masch.Kosten/LE		= 0,40		= 0,43

Maschine A scheint das günstigere Ergebnis aufzuweisen. Da die Bearbeitungszeit/LE bei Maschine B wesentlich niedriger ist, bleibt zu prüfen, ob die Berücksichtigung der Fertigungslohnkosten/LE zu einer Änderung des Kostenbildes führt.

	Maschine A		Maschine B	
FL-Kosten/LE	Min./LE × DM/Min. 1,0 × 0,23	DM/LE = 0,23	Min./LE × DM/Min. 0,6 × 0,23	DM/LE = 0,14
Masch.-Kosten/LE		= 0,40		= 0,43
Gesamt-Kosten/LE		= 0,63		= 0,57

L. Formelsammlung

115 $\quad MS = \dfrac{\text{geplante unmittelbar maschinenabhängige Kosten}}{\text{Soll - Maschinenzeit}}$

Maschinenzeit = Nutzungszeit + Instandhaltungszeit + Ruhezeit

$W = \text{Gesamtanschaffungswert} \times \dfrac{\text{Index zum Bewertungszeitpunkt}}{\text{Index des Baujahres}}$

Kalkulatorische Abschreibung / Jahr $= \dfrac{W - R}{\text{Nutzungsdauer}}$

Durchschn. gebundenes Kapital $= \dfrac{W + R}{2}$

Kalkulatorischer Zins/Jahr $= \dfrac{W+R}{2} \times p$

Instandhaltungskosten / Jahr $= \dfrac{W}{\text{Nutzungsdauer}} \times p$

Raumkosten/Jahr = Fläche × (Verrechnungssatz/Monat × 12)

$\left.\begin{array}{l}\text{Kalkulatorische Abschreibung / MStd.}\\ \text{Kalkulatorischer Zins / MStd.}\\ \text{Instandhaltungskosten / MStd.}\\ \text{Raumkosten / MStd.}\end{array}\right\} = \dfrac{\text{Rate / Jahr}}{\text{Laufstunden / Jahr}}$

Energiekosten/MStd. = Mittlere Inanspruchnahme/h × DM/kWh

Werkzeugkosten / Std. Standzeit $= \dfrac{(A - R) + \text{Kosten der Instandsetzung}}{\text{Zahl der Standzeiten} \times \text{Standzeit}}$

Werkzeugkosten / MStd. = Kosten / Std. Standzeit $\times \dfrac{\text{Lastlaufzeit}}{60}$

Zeitgrad $= \dfrac{\text{Vorgegebene Zeit}}{\text{Verbrauchte Zeit}} \times 100$

Verbrauchte Zeit $= \dfrac{\text{Vorgegebene Zeit}}{\text{Zeitgrad}} \times 100$

Reduzierter Stundensatz $= \dfrac{\text{Bisheriger Stundensatz}}{\text{Zeitgrad}} \times 100$

Drittes Kapitel: Teilflexible Vollplankosten-Rechnung

	Textziffer
A. *Einführung*	
I. Wesen	
1. Planung	116
2. Koordinierung der Teilpläne	117
3. Kontrolle	118
4. Abweichungsanalyse	119
5. Planungssystem	120
II. Plandaten	121
III. Inhalt	122, 123
IV. Kostenstellenbildung	
1. Bedeutung	124
2. Abgrenzung der Stellen	125
V. Vorgabekosten	
1. Kosten	126
2. Plankosten	127 ff.
3. Budgetkosten	130
VI. Planbeschäftigung	
1. Leistungsumfang = Beschäftigung	131, 132
2. Leistungsumfang = Kapazität	133 ff.
VII. Bezugsgröße	
1. Begriffe	136
2. Anforderungen	137
3. Maßstab der Stellenleistung	138 ff.
4. Verwendung mehrerer Bezugsgrößen	143
VIII. Anspannungsgrad	
1. Begriff	144
2. Stufen	145 ff.
B. *Durchführung*	
I. Stellenrechnung	
1. Stellenkostenplan	148 ff.
2. Sollkosten	152 ff.
3. Istkosten	156
4. Verbrauchsabweichung	157
5. Planpreis	158, 159
6. Preisabweichung	160
7. Betriebsabrechnungsbogen	161, 162
II. Trägerrechnung	
1. Wesen	163
2. Planzuschlagskalkulation	164 ff.
3. Verrechnete Kosten	168
4. Beschäftigungsabweichung	169

III.	Buchführung	170, 171
IV.	Beispiel	172 ff.

C. *Bedeutung der Wahl der Planbeschäftigung*   178 ff.

D. *Abweichungs-Methoden*
    I. Wesen   185
   II. Beispiel
       1. Ausgangsdaten   186
       2. Zwei-Abweichungs-Methode   187
       3. Drei-Abweichungs-Methode   188

E. *Übungen*   189 ff.

F. *Begriffe und Formeln*   192

Drittel Kapitel

Teilflexible Vollplankosten-Rechnung

A. Einführung

I. Wesen

1. Planung

"Unter Planung wird die Bildung von Zukunftsvorstellungen verstanden, welche den Ablauf der Unternehmung im ganzen oder einzelne Unternehmensmerkmale betreffen." (Koch)

"Planung ist nicht nur mechanische Schätzung, Vorgabe und Kontrolle des Ist am vorgegebenen Soll, sondern ein ständiges Bemühen um die Durchleuchtung der innerbetrieblichen und außerbetrieblichen Verhältnisse, ein Bemühen um ständige Abstimmung der einzelnen Funktionen (Bereiche)" (Mellerowicz)

"Planung wird definiert als die systematische, auf objektiven und quantifizierbaren Grundlagen beruhende Vorbereitung von Entscheidungen und Maßnahmen sowie die Sicherung ihres ordnungsgemäßen Ablaufs." (Schmidt)

"Planung ist zielorientiertes, zukunftsgerichtetes, verknüpfendes und folgerichtiges Denken." (Voßbein)

"Planung besteht im systematischen Suchen und Festlegen von Zielen sowie im Vorbereiten von Aufgaben, deren Durchführung zum Erreichen der Ziele erforderlich ist." (REFA)

2. Koordinierung der Teilpläne

In den Betrieben werden verschiedene Teilpläne erstellt, die sich aus einer Anzahl von Unterplänen zusammensetzen können.

Besondere Bedeutung haben u.a. der

        Beschaffungsplan,
        Produktionsplan,
        Lagerplan,
        Absatzplan,
        Verbrauchsplan und
        Kostenplan.

Schwierigste Aufgabe bei der Entwicklung des Planungssystems ist die *Koordinierung* der Teilpläne.

3. Kontrolle

118 Die Betriebsleitung hat nicht nur die Aufgabe, das Kommende zu planen. Die Leitung hat auch dafür Sorge zu tragen, daß das Geplante Wirklichkeit wird, muß sich also durch *Kontrolle* von der Durchsetzung der Pläne überzeugen.

Kontrolle kann als Zeit-, Betriebs- oder Soll/Ist-Vergleich vorgenommen werden.

Beim Soll/Ist-Vergleich werden Ist-Ziffern an Soll-Ziffern gemessen. Bei richtiger Bestimmung des Soll kann festgestellt werden, wieweit das Ist *absolut* günstig oder ungünstig ist.

Die mit dem Soll/Ist-Vergleich beschriebene Kontrollmethode kennzeichnet die Plankostenrechnung.

4. Abweichungsanalyse

119 Die Betriebsleitung wird bei ihren Kontrollen das Augenmerk auf die zwischen Soll und Ist ermittelten Differenzen richten und ggf. eine Abweichungsanalyse veranlassen.

Wenn bei der Analyse festgestellt wird, daß die Abweichungen ihre Ursache in einer fehlerhaften Planung haben, kann für die Aufstellung von fundierteren Plänen gesorgt werden.

5. Planungssystem

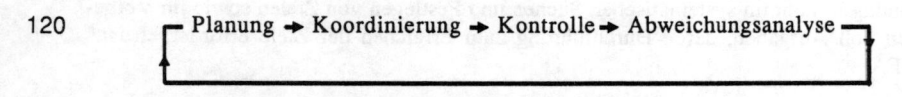

120 ┌─ Planung → Koordinierung → Kontrolle → Abweichungsanalyse ─┐
└───┘

Regelkreis

II. Plandaten

121 Plankosten geben nichts anderes wieder als den Planverbrauch der Kostenstelle unter gegebenen betrieblichen Verhältnissen. Ob die in den Plandaten erkennbaren Verhältnisse günstig oder ungünstig sind, bleibt vor Aufnahme der Kostenplanung zu klären.

Damit wird deutlich, daß der Aussagewert der Plankosten in hohem Maße von der Festlegung der Plandaten abhängig ist.

Zu den wichtigsten Plandaten zählen:

> Beschäftigungsgrad,
> Produktionsprogramm,
> Produktionsverfahren,
> Losgrößen und
> Kapazitäten.

III. Inhalt

Als *starre* Plankostenrechnung wird das Rechnungssystem bezeichnet, bei dem keine Anpassung der Plankosten an eine Veränderung der Plandaten erfolgt.

Die *flexible* Plankostenrechnung ist durch die Anpassung der Plankosten an Plandatenveränderungen gekennzeichnet. Nach dem Umfang der Anpassung ist zwischen der *teil*flexiblen und *voll*flexiblen Rechnugn zu unterscheiden. Während bei der vollflexiblen Plankostenrechnung die Anpassung an sämtliche Veränderungen erfolgt, sieht die teilflexible Rechnung die Anpassung der Plankosten an nur eine Veränderung oder wenige Plandatenveränderungen vor.

In der *Voll*plankostenrechnung werden die proportionalen und fixen Kosten auf die Kostenträger verrechnet. Die beim Soll-/Ist-Vergleich zu berücksichtigenden Sollkosten enthalten neben den proportionalen Kosten sämtliche fixen Kosten.

Die *Grenz*plankostenrechnugn sieht nur die Verrechnung der proportionalen Kosten auf die Kostenträger vor. In den Soll-/Ist-Vergleich werden allein die proportionalen Kosten einbezogen.

IV. Kostenstellenbildung

1. Bedeutung

Die Ermittlung der Plankosten erfolgt zunächst für die bei einer bestimmten Beschäftigung erzielte Kostenstellenleistung.

Voraussetzung jeder Kostenplanung ist damit die Einteilung des Betriebes in Kostenstellen.

Unter Kostenstellen sind die Orte der Kostenentstehung zu verstehen. Es handelt sich also um Stellen, in denen die zur Leistungserstellung benötigten Güter und Dienste verbraucht werden.

2. Abgrenzung der Stellen

Die Kostenstellengliederung folgt weitgehend den im Rahmen der Ist- und Normalkostenrechnung gültigen Grundsätzen.

Für die Plankostenrechnung kommt jedoch dem Gesichtspunkt der Abgrenzung der Stellen nach der *Verantwortlichkeit* besondere Bedeutung zu!

V. Vorgabekosten

1. Kosten

126 Kosten sind der *wertmäßige, betriebsnotwendige Normal-Verbrauch* an Gütern und Diensten.

2. Plankosten

127 a) Plankosten sind wertmäßiger, leistungsverbundener Verzehr, der *im voraus berechnet* wird.

Plankosten sind für einen bestimmten Leistungsumfang aufgrund *methodischer Untersuchungen* zu bestimmen.

Plankosten stellen ein anzustrebendes Ziel dar und sind somit *vorzugeben*.

Plankosten besitzen, da sie erreichbar sein müssen, *Norm- bzw. Standard-Charakter*.

Plankosten sind Richtkosten mit *Konstanz für längere Zeit*.

Plankosten dienen der *Kontrolle, der Disposition und dem Leistungsansporn*.

128 b) Plankosten sind also

im voraus methodisch ermittelte,
für einen bestimmten Leistungsumfang vorgegebene,
als erreichbar betrachtete,
auf längere Sicht konstante Normen
mit dem Zweck der Disposition, der
Kontrolle und des Leistungsansporns.

129 c) Plankosten werden errechnet, indem die für den vorgesehenen Leistungsumfang angenommene Verbrauchsmenge an Stoffen oder Zeiten bewertet wird.

Plankosten i.e.S. sind demnach das Produkt aus Planmenge und Planpreis.

Plankosten = Planmenge × Planpreis

3. Budgetkosten

130 Die methodische Ermittlung von Kosten ist nur möglich, wenn die Leistung, für die die Vorgabe gelten soll, gemessen werden kann.
Eine Leistungsmessung kann in der Regel im Fertigungsbereich der Unternehmen erfolgen.

Nicht - oder nur unter großen Schwierigkeiten - ist dagegen die Leistungsmessung z.B. im Vertriebs- und Verwaltungsbereich möglich.

Der Betrieb ist deshalb oft gezwungen, bei der Kostenvorgabe auf die Methode der Budgetierung zurückzugreifen. Dieses Verfahren sieht die Schätzung zukünftiger Istkosten unter Heranziehung von Zahlen der Vergangenheit und unter Beachtung von Zukunftserwartungen vor.

Aus diesem Grunde finden in der Plankostenrechnung auch Budgetkosten als Plankosten i.w.S. Verwendung. Budgetkosten sind *vorausberechnete Istkosten für bestimmte Bereiche der Unternehmung*.

VI. Planbeschäftigung

1. Leistungsumfang = Beschäftigung

a) Als Planbeschäftigung wird sehr häufig die *erwartete zukünftige Beschäftigung* herangezogen. Diese Beschäftigung wird oft vom möglichen Absatz abhängig sein. 131

Gelegentlich wird die zukünftige Beschäftigung jedoch nicht vom Absatz, sondern von einem anderen Teilbereich des Unternehmens bestimmt. Wenn z.B. die Beschaffung von Materialien auf Schwierigkeiten stößt, würde die Beschaffungsseite den Engpaß darstellen und für die erwartete Beschäftigung maßgebend sein.

Unter Umständen sind auch Art und/oder Zahl der vorhandenen Arbeitskräfte oder die gegebenen finanziellen Mittel für die Beschäftigung der Stelle entscheidend.

Für die zukünftige erwartete Beschäftigung ist somit der jeweilige *Minimumsektor* von Bedeutung.

b) Als Planbeschäftigung wird hin und wieder die in der Vergangenheit *erreichte Beschäftigung* gewählt. 132

Da die Kostenplanung zukunftsorientiert ist, sollten Daten aus früheren Perioden möglichst nicht Verwendung finden.

2. Leistungsumfang = Kapazität

a) Gelegentlich wird bei der Kostenplanung nicht von der Beschäftigung, sondern von der *Stellenkapazität* ausgegangen. 133

Dabei wird unter "Kapazität" das mengenmäßige Leistungsvermögen (Produktivvermögen) in einem Zeitabschnitt verstanden.

Wenn das Leistungsvermögen der Stelle Planungsgrundlage sein soll, ist zwischen der technischen und wirtschaftlichen Kapazität zu unterscheiden.

b) Zu den technischen Begriffen zählen "Maximalkapazität", "Minimalkapazität" und "Normalkapazität". 134

Die *Maximalkapazität* entspricht einem Leistungsvermögen, dessen Höhe durch die Leistungsobergrenze der Produktionseinrichtungen bestimmt wird.
Unter *Minimalkapazität* wird eine bestimmte Mindestbeanspruchung verstanden, die für eine technische Einrichtung gefordert werden muß.
Normalkapazität kennzeichnet die Leistungsfähigkeit, deren Ansätze auf dem REFA-mäßig angewandten Grundsatz des Normalen beruhen.

135 c) Zu den wirtschaftlichen Begriffen gehören "Optimalkapazität" und "Normalisierte Optimalkapazität".
Die *Optimalkapazität* entspricht der Fertigung in ihrem optimalen Kostenpunkt. Die Stückkosten erreichen ihr Minimum.
Menschliche Leistungsschwankungen machen die Feststellung idealer Größen unmöglich. Das Leistungsvermögen sollte daher der *Normalisierten Optimalkapazität* gleichgesetzt werden.

VII. Bezugsgröße

1. Begriffe

136 Es muß entschieden werden, wie die Leistung der Kostenstelle wiedergegeben werden soll.
Maßstab, d.h. *quantitativer Ausdruck der Beschäftigung*, ist die Bezugsgröße.
Während die *Plan-Bezugsgröße* (für die vorgesehene Produktmenge) die Planbeschäftigung der Stelle wiedergibt, stellt die *Soll-Bezugsgröße* (für die gefertige Menge) die Sollbeschäftigung dar. Die *Ist-Bezugsgröße* nennt dagegen (für die hergestellte Menge) die tatsächlich gegebene Istbeschäftigung der Stelle.

Beispiel:
Der Betrieb will in der Planperiode 600 LE fertigen und dabei planmäßig 2MStd./LE aufwenden: Planbezugsgröße = 600 LE × 2 MStd./LE = 1.200 MStd.
Tatsächlich werden 400 LE produziert und dabei – wie vorgesehen – 2 MStd./LE in Anspruch genommen: Sollbezugsgröße = 400 LE × 2 MStd./LE = 800 MStd.
Bei den hergestellten LE werden – entgegen der Planung – 2,5 MStd./LE eingesetzt: Istbezugsgröße = 400 LE × 2,5 MStd./LE = 1.000 MStd.

2. Anforderungen

137 Die Bezugsgröße genügt nur dann den Anforderungen der Plankostenrechnung, wenn sie als Maßstab der Stellenleistung bestimmte Voraussetzungen erfüllt.
So ist unbedingt notwendig, daß die Bezugsgröße sich wie die Stellenkosten entwickelt (Grundsatz der Proportionalität). Weiter ist zu fordern, daß die Bezugsgröße ohne großen Aufwand ermittelt werden kann.

3. Maßstab der Stellenleistung

a) Fertigungsbereich

Als Maßstab der Stellenleistung dienen gelegentlich die von den Kostenstellen produzierten *Fertigungsmengen* (Stücke, kg, l, kwh, m, usw.). 138

Werden von einer Kostenstelle verschiedenartige Erzeugnisse gefertigt, die in einem festen Kostenverhältnis zueinander stehen, kann eine *rechnerische Vereinheitlichung der unterschiedlichen Produktionsbeiträge* vorgenommen werden. 139

Die Vereinheitlichung wird durch Multiplikation der Beiträge mit Äquivalenzziffern erreicht, die zur Kostenverursachung proportional sind.

Ein solches Vorgehen ist typisch für Fertigungsstellen mit Sortenproduktion und variabler Sortenzusammensetzung (Brauereien, Margarineindustrie usw.). 140

Häufig werden Fertigungsstellen weder einheitliche Leistungen erstellen noch verwandte Leistungen erbringen, die in eine einheitliche Leistungsart umgerechnet werden können.

Bei differenzierender Fertigung müssen daher *Hilfsgrößen* als Bezugsgrößen Verwendung finden.

Dabei werden als *Wertgröße* in erster Linie Fertigungslöhne und als *Mengengröße* Fertigungslohnstunden, Maschinenstunden usw. herangezogen.

Wenn der Fertigungslohn auch ohne Schwierigkeiten ermittelt werden kann, sollte der Betrieb doch eine Mengengröße wählen, da der Lohn sich nicht proportional zur Kostenstellenleistung entwickelt, wenn Tarifänderungen oder Veränderungen in der Lohngruppenzusammensetzung der eingesetzten Arbeitnehmer eintreten.

b) Materialbereich

Für die Materialstellen wird in der Regel eine Wertgröße bestimmt. Bezugsgröße sind meist die Stoffeinzelkosten. Gelegentlich finden auch Fertigungsmaterial-Mengen als Bezugsgröße Berücksichtigung. 141

c) Verwaltungs- und Vertriebsbereich

Hier bedient man sich einer Wertgröße. Bezugsgröße ist in der Regel der geplante Absatz, bewertet zu Planherstellkosten. 142

4. Verwendung mehrerer Bezugsgrößen

Die Wahl mehrerer Größen erweist sich als notwendig, wenn keine Bezugsgröße zu finden ist, die dem Grundsatz der Proportionalität gerecht wird. 143

In diesem Fall sind artverwandte Kosten einer Stelle zu Gruppen zusammenzufassen und diesen jeweils eine eigene Bezugsgröße gegenüberzustellen.

Arbeitet ein Unternehmen mit mehreren Bezugsgrößen in einer Stelle, reicht für diese Stelle *ein* Kostenplan nicht aus. Es sind so viele Kostenpläne erforderlich, wie Bezugsgrößen in der Kostenstelle Verwendung gefunden haben.

VIII. Anspannungsgrad (Knappheitsgrad/Planwirtschaftlichkeitsgrad)

1. Begriff

144 Sobald der Betrieb Planbeschäftigung und Planbezugsgröße festgelegt hat, muß entschieden werden, welchen Anspannungsgrad man bei der Bestimmung der Plankosten zugrunde legen will.

Unter dem Anspannungsgrad ist der Grad der Anstrengung zu verstehen, mit dem es möglich ist, die Vorgaben einzuhalten.

Der Anspannungsgrad gibt folglich darüber Auskunft, wie großzügig die Material- und Zeit*mengen* zu bemessen sind, die Grundlage der Kostenplanung sein sollen.

2. Stufen

145 a) Der *höchste* Anspannungsgrad führt zu Plankosten, die nur dann realisierbar sind, wenn alle Unwirtschaftlichkeiten ausgeschaltet werden und die allergünstigsten Umstände vorliegen.

Das bedeutet, daß z.B. bei der Planung der Materialmengen keine Aufschläge für Ausschuß berücksichtigt und nur die bei Anwendung jeder Sorgfalt nicht vermeidbaren Abfälle in Ansatz gebracht werden dürfen.

Die Wahl des höchsten Anspannungsgrades ist nicht ratsam, da ein Anreiz, Kostenabweichungen zu vermeiden, nur dann auf längere Sicht gegeben ist, wenn die Kostenvorgaben auch erreichbar sind. Die Kostenstellenleiter werden in ihren Bemühungen, Kosteneinsparungen zu erzielen, sehr bald nachlassen, wenn sich die Einhaltung der Vorgaben als unmöglich erweist!

146 b) Selbstverständlich verbietet es sich auch, mit einem *sehr niedrigen* Anspannungsgrad zu arbeiten, weil nur diejenigen Kosten Plankosten sein können, die bei planmäßigem Ablauf der Produktion gerechtfertigt sind. Wollte man anders verfahren, würde die Plankostenrechnung ihren Wert als Kontrollinstrument verlieren.

147 c) Der Anspannungsgrad darf deshalb weder zu hoch, noch zu niedrig gewählt werden.

Es ist von einem *normalen* Planwirtschaftlichkeitsgrad auszugehen. Der Planung ist also ein zwischen beiden Extremen liegender Knappheitsgrad zugrunde zu legen.

Der Planer muß einen Anspannungsgrad finden, der zu Plankosten führt, die zwar nicht ohne weiteres, aber doch unter gewissen Anstrengungen eingehalten werden können.

Teilflexible Vollplankosten-Rechnung 101

B. Durchführung

I. Stellenrechnung

1. Stellenkostenplan

a) Basisplankosten

Die Ermittlung der Basisplankosten K_p erfolgt für einen bestimmten *Leistungsumfang* der Kostenstelle. 148
Der zu wählende Umfang wird "Planbeschäftigung" genannt. Der Planbeschäftigung entspricht ein Planbeschäftigungsgrad von 100 %.

K_p = (Prop. Kosten/Bezugsgrößeneinheit × Planbezugsgröße) + Fixkosten

b) Gliederung

Die ermittelten Basisplankosten werden - nach Kostenarten getrennt - im Stellenkostenplan ausgewiesen. Dieser Plan nennt auch den Anteil der proportionalen Kosten und der fixen Kosten an den unterproportionalen Kosten in Form ABSOLUTER ZAHLEN oder mit dem VARIATOR. 149

Die für die Kalkulation der Plan-Gemeinkosten wichtigen Plankostensätze = Zuschlagssätze werden im Stellenkostenplan - und nicht im BAB I - errechnet.

Betrieb: B		Plan-Bezugsgröße: 4.800 MStd.		
Stelle: Dreherei		Planbeschäftigungsgrad: 100 %		
Kostenart	Basisplankosten DM	Absolute Zahlen fix DM/Monat	proportional DM/MStd.	Variator
Hilfslöhne	2.720	–	0,567	10
Gehälter	4.000	4.000	–	0
Betriebsstoffe	4.000	2.400	0,333	4
Sonst. Kosten	8.000	3.200	1,000	6
–	18.720	–	–	–

Stellenkostenplan

Plankostensatz: 18.720 DM : 4.800 MStd. = 3,90 DM/MStd.

c) Plan-Gemeinkosten

150 Die Bestimmung der Plangemeinkosten kann in aller Regel nicht auf exakte Weise, d.h. mit Hilfe wissenschaftlicher Methoden, erfolgen.

Die Plangemeinkosten werden daher oft unter Berücksichtigung der in vergangenen Perioden festgestellten Istgemeinkosten geschätzt, wobei nicht nur voraussichtliche zukünftige Entwicklungen, sondern auch erwünschte Kostensenkungen in die Überlegungen einbezogen werden.

Die Plangemeinkosten stellen somit meist Budgetkosten dar.

151 Der Verrechnung der Gemeinkosten auf die Kostenträger dienen *Plankostensätze*, die in den Stellen-Kostenplänen errechnet werden. Zur Ermittlung dieser Sätze werden die Basisplankosten durch die Plan-Bezugsgröße dividiert.

2. *Sollkosten*

152 a) Im Rahmen der teilflexiblen Plankostenrechnung werden die entstandenen Istkosten den Sollkosten K_s gegenübergestellt.

Die Feststellung der Sollkosten ist auf direktem Wege und auf indirektem Wege möglich.

153 b) Bei der *indirekten Methode* erfolgt eine unmittelbare Kostenplanung nur auf der Grundlage der Planbeschäftigung. Die Sollkosten werden aus den Basisplankosten als Plankosten der Soll-Beschäftigung abgeleitet. Damit ist eine *einstufige* Kostenplanung gegeben.

Beispiel:

PLAN-Bezugsgröße	= 4.800 MStd./Monat
SOLL-Bezugsgröße	= 3.840 MStd./Monat
Basisplankosten	= 4.000,-- DM/Monat
davon fix	= 2.400,-- DM/Monat
davon proportional	= 1.600,-- DM/Monat

Lösung/Absolute Zahlen:

$$K_s = (\text{Proportionalkostensatz} \times \text{Soll-Bezugsgröße}) + \text{Fixkosten}$$
$$= \left(\frac{1.600 \text{ DM}}{4.800 \text{ MStd.}} \times 3.840 \text{ MStd.}\right) + 2.400 = (0{,}333 \times 3.840) + 2.400$$
$$= 1.280 + 2.400 = \underline{3.680{,}-\text{ DM}}$$

Lösung/Variator:

Da der proportionale Anteil an den Basisplankosten 40 % beträgt, ist der Variator mit 4 zu bestimmen.
Der Variator zeigt die prozentuale Kostenänderung bei einer Beschäftigungsänderung von 10 % an.

$$\text{Soll-Ausnutzungsgrad} = \frac{\text{Soll-Bezugsgröße}}{\text{Plan-Bezugsgröße}} \times 100 = \frac{3.840}{4.800} \times 100 = 80\%$$

Beschäftigungsänderung = 100 % - 80 % = 20 %
Prozentuale Kostenänderung = 2 × 4 % = 8 %
Kostenänderung = 8 % von 4.000,-- DM = 320,-- DM
Soll-Kosten = 4.000,-- DM - 320,-- DM = <u>3.680,-- DM</u>

c) Bei der *direkten Methode* erfolgt eine *mehrstufige* Kostenplanung.
Die Plankosten werden nicht nur für den Planbeschäftigungsgrad (100 %) direkt ermittelt. Es erfolgt vielmehr die Planung der Kosten einer Stelle unmittelbar für verschiedene Beschäftigungsstufen, etwa für eien Beschäftigungsspanne von 60 % bis 120 % in Abständen von jeweils 5-10 %.
Die Kosten werden also für die verschiedenen Stufen in derselben Weise geplant, wie dies für die Kosten beim Planbeschäftigungsgrad geschieht.

d) Die für die verschiedenen Beschäftigungsgrade erkannten Sollkosten werden in der Regel in einer *Tabelle* niedergelegt.
Den Istkosten eines bestimmten Beschäftigungsgrades werden die Sollkosten *der* Beschäftigungsstufe gegenübergestellt, die dem Ausnutzungsgrad am nächsten kommt.
Bei fallender Beschäftigung hat es sich wegen der *Kostenremanenz* als zweckmäßig erwiesen, in den Vergleich die Sollkosten der *über* der tatsächlichen Ausnutzung liegenden Beschäftigungsstufe heranzuziehen.
Unter Kostenremanenz ist die (regelmäßig zu beobachtende) Tatsache zu verstehen, daß bei fallender Beschäftigung die Kosten in ihrem Absinken gegenüber dem Kostenanstieg zurückbleiben.

3. Istkosten

Während Plankosten sich aus der Multiplikation der Planmenge mit dem Planpreis ergeben, werden Istkosten K_i durch Multiplikation der Istmenge mit dem Planpreis ermittelt:

Sollkosten = Plan-Menge × Planpreis
Istkosten = Ist-Menge × *Planpreis*

4. Verbrauchsabweichung

157 Istkosten und Plankosten basieren auf den *gleichen* Planpreisen

a) aus Gründen der Rechnungsvereinfachung,
b) um den *Mengen*-Verbrauch in den einzelnen Kostenstellen sichtbar zu machen.

Damit ist jede Differenz zwischen Soll- und Istkosten als Unterschied zwischen Solleinsatzmengen und Isteinsatzmengen - also als Verbrauchsabweichung - zu deuten.

$$A_v = K_s - K_i$$

Aufgrund dieses Sachverhaltes kann die Plankostenrechnung auch eine wertmäßig fixierte *Mengenrechnung* genannt werden.

5. Planpreis

a) Feste Preise

158 In der Praxis finden häufig - insbesondere bei der Bewertung des Materialverbrauchs - *feste* Verrechnungspreise als Planpreise Verwendung.

Da die im Rahmen der Plankostenrechnung gewonnenen Plankostensätze bei der Plankalkulation Verwendung finden und diese auch Grundlage der Ermittlung des Angebotspreises und der Preisuntergrenze sein soll, muß die Bildung der Planpreise auf der Grundlage der effektiven Marktpreise erfolgen.

Die Planpreise sind auf längere Sicht - möglichst ein Jahr - konstant zu halten. Einer vorzeitigen Anpassung der Planpreise an unerwartete Preisentwicklungen sollte nur bei größeren Preisschwankungen zugestimmt werden.

b) Schwankende Preise

159 Die beim Vergleich der Istkosten mit den Plankosten auftretenden Kostendifferenzen beruhen auf Mengenabweichungen, da Plankosten und Istkosten auf der Grundlage gleicher Planpreise ermittelt werden.

Diese Sachlage ist auch gegeben, wenn man den Planmengenverbrauch und den Istmengenverbrauch statt mit gleichen festen Verrechnungspreisen mit gleichen *schwankenden* Preisen bewertet.

Es liegt auf der Hand, daß ein solches Vorgehen Vorteile für die Preiskalkulation mit sich bringen würde.

Andererseits müßten bei schwankenden Preisen die Plankosten monatlich neu bestimmt werden.

In der Praxis erfolgt nur gelegentlich und ggf. nur bei wenigen Kostenarten eine Bewertung der (Stoff-, Zeit-)Mengen mit den jeweils geltenden Preisen.

6. Preisabweichung

Im Rahmen der Plankostenrechnung werden Istkosten als Produkt aus Istmenge und *Plan*preis dargestellt. In Wirklichkeit sind Istkosten ein Produkt aus Istmenge und *Ist*preis.

Das läßt den Schluß zu, daß die aus dem Unterschied zwischen Planpreis und Istpreis resultierenden Preisabweichungen Kostencharakter besitzen und nicht den Charakter von neutralem Aufwand oder Ertrag.

$$Ap = \text{Istmenge} \times (\text{Planpreis} . /. \text{Istpreis})$$

7. Betriebsabrechnungsbogen

Betrieb: B Soll-Bezugsgröße: 3.840 MStd.
Stelle: Dreherei Soll-Ausnutzungsgrad: 80 %

Kostenart	Sollkosten			Istkosten	Verbrauchs-abweichung
	ges. DM	prop. DM	fix DM	DM	DM
Hilfslöhne	2.176	2.176	-	2.300	- 124
Gehälter	4.000	-	4.000	4.000	-
Betriebsstoffe	3.680	1.280	2.400	3.400	+ 280
Sonst. Kosten	7.040	3.840	3.200	8.300	- 1.260
-	16.896	7.296	9.600	18.000	- 1.104

Betriebsabrechnungsbogen

Der Betriebsabrechnungsbogen der PKR weist im Unterschied zu dem in der Ist- und Normalkostenrechnung verwendeten BAB auch eine Spalte für die Sollkosten und eine weitere Spalte für die Verbrauchsabweichung auf. Bei Aufstellung des BAB gehen die Betriebe von den Stellen-Kostenplänen aus.

Im BAB wird eine *artenweise* Unterteilung der Kosten vorgenommen.

Auf die im BAB vorzunehmende Differenzierung der Verbrauchsabweichung nach Kostenarten darf nicht verzichtet werden, da ein globaler Vergleich von Sollkosten und Istkosten die Gesamt-Verbrauchsabweichung einer Stelle als unbedeutend erscheinen lassen würde, wenn sich positive und negative Abweichungen bei einzelnen Kostenarten weitgehend aufheben. Damit wäre die Kostenkontrolle erheblich erschwert.

II. Trägerrechnung

1. Wesen

162 Bei der Kalkulation auf der Grundlage von Plankosten sind alle Kalkulationsformen der Ist- und Normalkostenrechnung anwendbar.
Es liegt allein ein besonderer materieller *Inhalt* der Plankalkulation vor. Er besteht in der Ermittlung der *Plankosten* für die Leistungseinheit.

2. Planzuschlagskalkulation

a) Plan-Materialeinzelkosten

163 In welcher Höhe Stoffkosten als Trägereinzelkosten geplant werden, hängt u.a. von dem gewählten *Anspannungsgrad* ab, der darüber Auskunft gibt, wie großzügig die Stoff-*Mengen* bei der Kalkulation zu bemessen sind.
In aller Regel wird von einem normalen Anspannungsgrad ausgegangen, d.h. es werden *Bruttomengen* vorgegeben, die Zugaben für Verschnitt usw. enthalten. Bei der Mengenbestimmung dienen Zeichnung und Stückliste als Unterlage.
Die geplanten Stoffmengen werden mit Planpreisen bewertet. Als Planpreis finden meist *feste Verrechnungspreise* Verwendung, die auf der Basis der effektiven Marktpreise gebildet werden.

Beispiel:

	Oberstoff:
Netto-Plan-Einzelmaterial-Menge	2,10 m/LE
+ Größenausgleich	0,05 m/LE
+ Schnittverluste	0,04 m/LE
+ Nachschnitte	0,03 m/LE
+ Reste und Überlagen	0,02 m/LE
= Brutto-Plan-Einzelmaterial-Menge =	2,24 m/LE

		Meterpreis:
Art.	400	14,39 DM/m
	401	15,80 DM/m
	402	16,45 DM/m
	403	17,90 DM/m
	404	12,72 DM/m
	405	19,80 DM/m
	406	24,16 DM/m
	407	19,33 DM/m
	408	18,30 DM/m
	9	158,85 DM/m

Verrechnungspreis (Planpreis) = 158,85 : 9 =   17,65 DM/m

Plan-Menge	×	Planpreis	=	Plankosten
2,24 m/LE	×	17,65 DM/m	=	39,54 DM/LE

b) Plan-Fertigungslöhne

Um die Löhne als Trägereinzelkosten bestimmen zu können, müssen Zeitmengen und Lohnsätze geplant werden.

Die Plan-Zeitmengen werden mit Hilfe einer *Zeitstudie* festgestellt.

Die Plan-Lohnsätze werden unter Berücksichtigung der durch die *Arbeitsbewertung* gewonnenen Erkenntnisse bestimmt.

Da die Lohntarife sich nur sprunghaft verändern, also nicht solchen Schwankungen ausgesetzt sind wie die Materialpreise, ist es nicht notwendig, Verrechnungssätze zu bilden.

Hinweis: Oftmals wird der FL nicht für eine Leistungseinheit, sondern für die Planbeschäftigung einer Kostenstelle innerhalb eines Zeitraumes geplant. In diesem Falle geht der FL in den Plankostensatz der Stelle ein und wird zusammen mit den FGK auf die Kostenträger verrechnet.

c) Plan-Gemeinkosten

Die Verrechnung der Gemeinkosten auf die Kostenträger dienen Plankostenansätze, die in den Stellen-Kostenplänen errechnet werden. Zur Ermittlung dieser Sätze werden die Basisplankosten durch die Plan-Bezugsgröße dividiert.

$$\text{Plankostensatz} = \frac{\text{Basisplankosten}}{\text{Plan-Bezugsgröße}}$$

Plankostensatz = Proportionalkostensatz + Fixkostensatz

$$\text{Proportionalkostensatz} = \frac{\text{Proportionalkosten bei Planbeschäftigung}}{\text{Plan-Bezugsgröße}}$$

$$\text{Fixkostensatz} = \frac{\text{Fixkosten}}{\text{Plan-Bezugsgröße}}$$

Die Plankostensätze stellen Zuschlagssätze dar, mit deren Hilfe eine Plankalkulation für die einzelnen Kostenträger durchgeführt wird.

Den für die Verrechnung der Plan-Materialgemeinkosten erforderlichen Plankostensatz erhält man, wenn die planmäßigen Materialgemeinkosten auf die Plan-Materialeinzelkosten oder auf Plan-Fertigungs-Materialmengen bezogen werden.

Die Plankostensätze der Fertigungsstellen ergeben sich aus der Gegenüberstellung der Plan-Fertigungsgemeinkosten mit den Plan-Fertigungslöhnen bzw. geplanten Maschinen- oder Fertigungsstunden.

Die Plankostensätze für die Verrechnung der Plan-Verwaltungs- und Plan-Vertriebsgemeinkosten werden in der Regel auf der Grundlage der Planherstellkosten der geplanten umgesetzten Leistung ermittelt.

d) Kalkulationsschema

166 Das nachstehende Schema zeigt die Ermittlung der Selbstkosten.

(1) Plan-Materialeinzelkosten
(2) Plan-Materialgemeinkosten
----
(3) Plan-Materialkosten (1) + (2)
(4) Plan-Fertigungslöhne
(5) Plan-Fertigungsgemeinkosten
----
(6) Plan-Fertigungskosten (4) + (5)
(7) Plan-Herstellkosten (3) + (6)
(8) Plan-Verwaltungsgemeinkosten
(9) Plan-Vertriebsgemeinkosten
----
(10) Plan-Selbstkosten (7) + (8) + (9)
(11) Zuschlag für Preisabweichungen (in % von [1])
(12) Zuschlag für Kostenabweichungen (in % von [6])
----
(13) <u>Ist-Selbstkosten</u> (10) + (11) + (12)

e) Beispiel

Gegeben:

Basisplankosten
FM = 500 LE × 3 kg/LE = 1.500 kg × 4,- DM/kg = 6.000,- DM
FL = 500 LE × 2 FStd./LE = 1.000 FStd. × 9,- DM/FStd. = 9.000,- DM

MGK = 3.000,- DM
FGK = 12.000,- DM
VWGK = 4.000,- DM
VTGK = 2.000,- DM

Planbezugsgrößen
Material-Bereich   = 500 LE × 3 kgFM/LE = 1.500 kgFM
Fertigungs-Bereich   = 500 LE × 1 MStd./LE = 500 MStd.
Verwaltungs-Bereich =) Planherstellkosten der (geplanten)
Vertriebs-Bereich   =) umgesetzten Leistung von 500 LE

Lösung:
Plankostensätze

Mat.-Bereich = 3.000 DM : 1.500 kg/FM = 2,- DM/kgFM
Fert.-Bereich = 12.000 DM : 500 MStd. = 24,- DM/MStd.

Planherstellkosten/LE

FM = 12,- (3 kg × 4 DM/kg)
MGK = 6,- (3 kg × 2,- DM/kg)
FL = 18,- (2 FStd. × 9 DM/FStd.)
FGK = 24,- (1 MStd. × 24,- DM/MStd.)
___
HK = 60,- DM/LE

Planherstellkosten der (geplanten) umgesetzten Leistung

60,- DM/LE × 500 LE = 30.000,- DM

Plankostensätze

$$\text{VW - Bereich} = \frac{4.000}{30.000} \times 100 = 13{,}33\%$$

$$\text{VT - Bereich} = \frac{2.000}{30.000} \times 100 = 6{,}67\%$$

Planselbstkosten/LE

HK	60,- DM	
VWGK	8,- DM	(13,33 % von 60)
VTGK	4,- DM	(6,67 % von 60)
SK/LE	72,- DM	

3. Verrechnete Kosten

168 Von der Höhe des Plankostensatzes ist abhängig, inwieweit die Plankosten einer Kostenstelle auf die von der Stelle insgesamt produzierten Leistungen im Rahmen der Kalkulation verrechnet werden konnten:

$$K_v = \text{Soll-Bezugsgröße} \times \text{Plankostensatz}$$

4. Beschäftigungsabweichung

169 Während die Verbrauchsabweichungen nach Kostenarten getrennt festzustellen sind, hat die Beschäftigungsabweichung nur Sinn für die Kostenstelle als Ganzes.

Die Beschäftigungsabweichung wird daher als Differenz zwischen Verrechneten Kosten und Sollkosten auch nur für die gesamte Kostenstelle ermittelt.

Diese Differenz stellt unterdeckte oder überdeckte Fixkosten dar.

$$A_b = K_v - K_s$$

III. Buchführung

1. Übersicht

170 Oft erfolgt die Verrechnung der Plankosten nur im Rahmen der statistisch geführten Betriebsrechnung. In diesem Falle erscheinen auf den Konten der Betriebsbuchhaltung lediglich Ist-Kosten.

Gelegentlich wenden die Betriebe eine kombinierte Methode an, nehmen also eine statistische *und* buchhalterische Verrechnung der Plankosten vor.

Wenn das Unternehmen mit Plankosten in der Buchführung arbeiten will, muß es entscheiden, an welcher Stelle im betrieblichen Werteflußdie Plankosten die Istkosten ersetzen sollen.

2. Beispiele

a) Materialabrechnung

Gegeben:
Einkaufspreis	2,47 DM/kg
Planpreis	2,50 DM/kg
Einkauf	5.000 kg
Soll-Verbrauch	3.500 kg
Ist-Verbrauch	3.550 kg

Methode 1: Erfassung von A_p z. Zt. des Zugangs des Materials

Preisabweichung: A_p = Istmenge × (Planpreis – Ist-Preis)

$$\begin{array}{rcl} 5.000 \times 2,50 & = & 12.500 \text{ DM} \\ \underline{5.000 \times 2,47} & = & \underline{12.350 \text{ DM}} \\ A_p & = & + 150 \text{ DM} \end{array}$$

Verbrauchsabweichung: $A_v = K_s - K_i$

$$\begin{array}{rcl} K_s\ (3.500 \times 2,50) & = & 8.750 \text{ DM} \\ \underline{K_i\ (3.500 \times 2,50)} & = & \underline{8.875 \text{ DM}} \\ A_v & = & ./.\ 125 \text{ DM} \end{array}$$

Verbuchung:

Verbindlichkeiten		A_p		Bestand	
	12.350 1)		150 1)	1) 12.500	8.875 2)

Kostenart		Verr. Kosten		HK	
2) 8.875		3) 8.875	8.750 4)	4) 8.750	
	8.875 3)		125 5)		

Verbrauchsabw.	
5) 125	

Methode 2: Erfassung von A_p bei Ausgabe des Materials an die Werkstätten.

Preisabweichung:

$$\begin{array}{rcl} 3.550 \times 2{,}50 & = & 8.875{,}- \text{ DM} \\ 3.550 \times 2{,}47 & = & 8.768{,}50 \text{ DM} \\ \hline A_p & = & +\,106{,}50 \text{ DM} \end{array}$$

Verbrauchsabweichung:

Wie Methode 1

Verbuchung:

Verbindlichkeiten		A_p		Bestand	
	12.350 1)		106,50 2)	1) 12.350	8.768,50 2)

Kostenarten	
2) 8.875	

b) Lohnabrechnung

Gegeben:
Ist-Stunden	1.880	Std.
Soll-Stunden	1.590	Std.
Ist-Lohnsatz (Tarif)	16,20	DM/Std.
Plan-Lohnsatz	15,50	DM/Std.

Preisabweichung (Tarifabweichung)

$$\begin{array}{rcl} 1.880 \times 15{,}50 & = & 29.140 \text{ DM} \\ 1.880 \times 16{,}20 & = & 30.456 \text{ DM} \\ \hline A_p & = & ./.\ 1.316 \text{ DM} \end{array}$$

Verbrauchsabweichung (Stundenabweichung):

$$\begin{array}{rcl} K_s = 1.590 \times 15{,}50 & = & 24.645 \text{ DM} \\ K_i = 1.880 \times 15{,}50) & = & 29.140 \text{ DM} \\ \hline A_v & = & ./.\ 4.495 \text{ DM} \end{array}$$

Verbuchung:

Verfahren 1

Verbindlichkeiten		Kostenarten		Verr. Kosten	
	30.456 1)	1) 30.456	30.456 2)	2) 30.456	24.645 3)
					5.811 4)

HK		A_p		A_v	
3) 24.645		4) 1.316		4) 4.495	

Verfahren 2

Verbindlichkeiten		Kostenarten		Verr. Kosten	
	30.456 1)	1) 29.140	29.140 2)	2) 29.140	24.645 3)
					4.495 4)

HK		A_p		A_v	
3) 24.645		1) 1.316		4) 4.495	

c) Abrechnung der FGK der Stelle Dreherei

Gegeben:	Ist-Gemeinkosten	18.000 DM
	Plan-Bezugsgröße	4.800 MStd.
	Soll-Bezugsgröße	3.840 MStd.
	Basisplankosten	18.720 M/Std.
	davon fix	9.600 DM
	davon prop.	9.120 DM
	Plankostensatz	3,90 DM/MStd.
	Proportionalkostensatz	1,90 DM/MStd.
	Fixkostensatz	2,– DM/MStd.

Verbrauchsabweichung:

$$K_s = (3.840 \times 1{,}90) + 9.600 = 16.896{,}-\text{DM}$$
$$K_i = \phantom{(3.840 \times 1{,}90) + 9.600} = 18.000{,}-\text{DM}$$
$$A_v = ./.\ 1.104{,}-\text{DM}$$

Beschäftigungsabweichung:

$$K_v = 3.840 \times 3{,}90 = 14.976{,}-\text{DM}$$
$$K_s = \phantom{3.840 \times 3{,}90} = 16.896{,}-\text{DM}$$
$$A_b = ./.\ 1.920{,}-\text{DM}$$

Verbuchung:

Verr. FGK		HK	A_v
18.000	14.976 1)	1) 14.976	2) 1.104
	3.024 2)		

A_b
2) 1.920

IV. Beispiel

172 Die Ermittlung der *Basisplankosten* erfolgt auf der Grundlage der Planbeschäftigung einer Stelle. Der quantitative Ausdruck der Beschäftigung wird Bezugsgröße genannt.

Im folgenden Beispiel wird von einer Planbezugsgröße von 1.800 Maschinenstunden ausgegangen. Die für diesen Leistungsumfang der Stelle errechneten Basiskostenplan sollen 29.160,-- DM betragen.

173 Damit die *Stellenrechnung* durchgeführt werden kann, sind die Basisplankosten mit Hilfe der Methode der Kostenauflösung in ihren fixen und proportionalen Bestandteil zu zerlegen. Wir gehen davon aus, daß dabei ein proportionaler Anteil von 20.700,- DM und ein fixer Anteil von 8.460,- DM festgestellt wurde. Daraus resultiert ein Proportionalkostensatz von (20.700 DM : 1.800 MStd. =) 11,50 DM/MStd. und ein Fixkostensatz von (8.460 DM : 1.800 MStd. =) 4,70 DM/MStd.

Die der Stelle bei 1.600 Maschinenstunden (= Sollbezugsgröße) vorzugebenden Sollkosten (K_s) müssen die Proportionalkosten in Abhängigkeit von der erbrachten Leistung und die fixen Kosten in voller Höhe enthalten. Die Sollkosten sind bei dem unterstellten linearen Kostenverlauf folglich aus (11,50 DM/MStd. × 1.600 MStd. =) 18.400 DM proportionalen Kosten und (4,70 DM/MStd. × 1.800 MStd. =) 8.460 DM fixen Kosten zusammengesetzt. Die Sollkosten betragen insgesamt 26.860,-- DM.

174 Die im Rahmen der *Kostenträgerrechnung* vorzunehmende Belastung der Leistungseinheit erfolgt mit Hilfe des Plankostensatzes. Er beträgt (29.160 DM : 1.800 MStd. =)

16,20 DM/MStd. Bei 1.600 Maschinenstunden ergeben sich die insgesamt verrechneten Kosten (K_v) mit (16,20 DM/MStd. × 1.600 MStd. =) 25.920,-- DM.

Wenn die Verrechneten Kosten (K_v) und die Sollkosten (K_s) bestimmt und die Istkosten (K_i = 30.400,-- DM) bekannt sind, können die *Mengenabweichung* ($A_m = K_v - K_i$ = - 4.480,-- DM), *Verbrauchsabweichung* ($A_v = K_s - K_i$ = - 3.540,-- DM) und *Beschäftigungsabweichung* ($A_b = K_v - K_s$ = - 940,-- DM) errechnet werden.

Die Betriebsleitung wird das Augenmerk insbesondere auf die zwischen Soll und Ist bestehenden Differenzen richten und - wo erforderlich - eine *Abweichungsanalyse* veranlassen. Wenn dabei festgestellt wird, daß Abweichungen ihre Ursache in einer fehlerhaften Planung haben, ist für die Aufstellung von fundierteren Plänen zu sorgen.

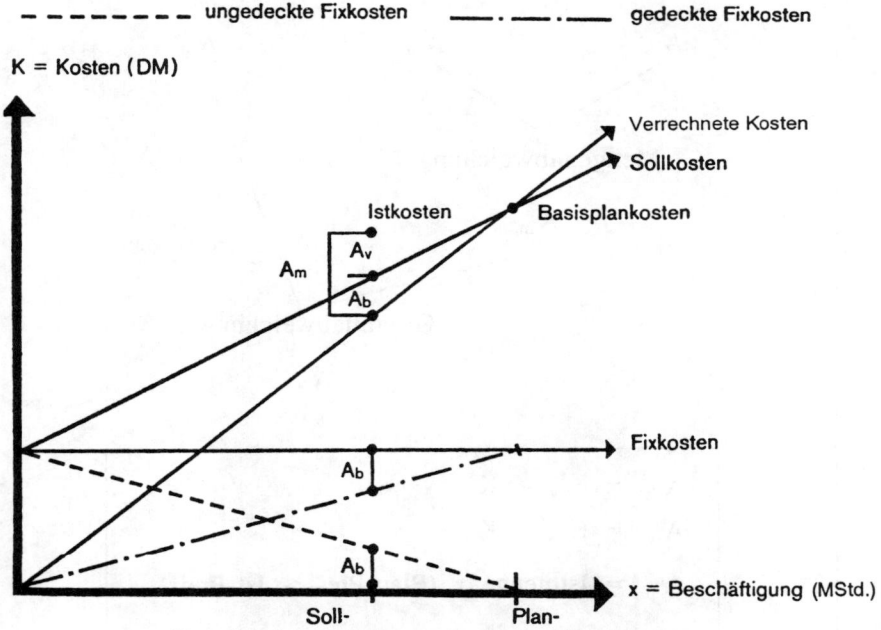

Abhängigkeit der Plankosten von der Beschäftigung

177

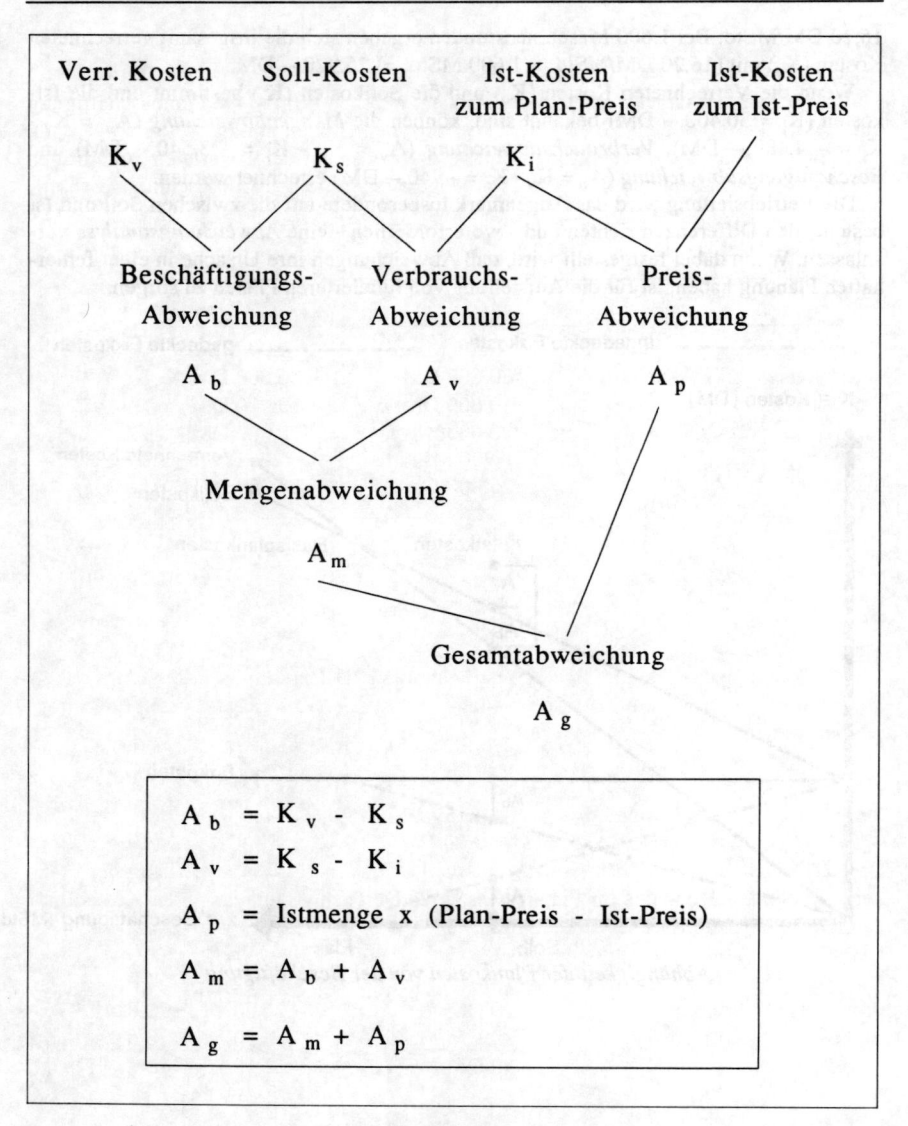

| Verr. Kosten | Soll-Kosten | Ist-Kosten zum Plan-Preis | Ist-Kosten zum Ist-Preis |

K_v K_s K_i

Beschäftigungs-Abweichung   Verbrauchs-Abweichung   Preis-Abweichung

A_b A_v A_p

Mengenabweichung

A_m

Gesamtabweichung

A_g

$$A_b = K_v - K_s$$
$$A_v = K_s - K_i$$
$$A_p = \text{Istmenge} \times (\text{Plan-Preis} - \text{Ist-Preis})$$
$$A_m = A_b + A_v$$
$$A_g = A_m + A_p$$

Abweichungen

C. Bedeutung der Wahl der Planbeschäftigung

An einem Zahlenbeispiel soll abgeleitet werden, welchen Einfluß die Planbeschäftigung auf die in der teilflexiblen Voll-PKR zu errechnenden Größen nimmt.

Es wird davon ausgegangen, daß ein Betrieb zwischen der erwarteten zukünftigen Beschäftigung (Fall 1) und der in der Vergangenheit erreichten Durchschnittsbeschäftigung (Fall 2) als Planungsgrundlage wählen will.

Kostenstelle Fräserei	Fall 1	Fall 2
Planbezugsgröße	1.000 MStd.	800 MStd.
Basisplankosten (FGK)	30.000 DM	26.000 DM
davon fix	10.000 DM	10.000 DM
davon proportional	20.000 DM	16.000 DM
Sollbezugsgröße	700 MStd.	700 MStd.
Istkosten	25.000 DM	25.000 DM

Trägerrechnung

Plankostensatz
Die im Rahmen der Trägerrechnung vorzunehmende Belastung einer Leistungseinheit mit Plan-FGK erfolgt mit Hilfe des Plankostensatzes (Zuschlagssatzes). Er beträgt (Basisplankosten : Planbezugsgröße =)

	Fall 1	Fall 2
	30 DM/MStd.	32,50 DM/MStd.

Da die Basisplankosten einen fixen Bestandteil enthalten, wird vom Umfang der Planbezugsgröße die Höhe des im Plankostensatz enthaltenen Anteils an fixen Kosten und damit der Plankostensatz selbst beeinflußt:

	Fall 1	Fall 2
Proportionalkostensatz	20 DM/MStd.	20,00 DM/MStd.
Fixkostensatz	<u>10 DM/MStd.</u>	<u>12,50 DM/MStd.</u>
Plankostensatz	30 DM/MStd.	32,50 DM/MStd.

1. Regel: Je niedriger die Planbeschäftigung, um so höher der Plankostensatz.

Verrechnete Kosten

180 Von der Planbeschäftigung ist damit abhängig, welcher Anteil an Plangemeinkosten auf eine Leistungseinheit verrechnet wird.

Es sei unterstellt, daß das Produkt A die Kostenstelle Fräserei mit 2 MStd. planmäßig in Anspruch nimmt:

	Fall 1	Fall 2
2 MStd. × Plankostensatz	60 DM/LE	65 DM/LE

Es ist festzustellen, inwieweit die Plankosten der Stelle auf die hier insgesamt produzierten Leistungen verrechnet werden.

Bei 700 Maschinenstunden betragen die Verrechneten Kosten (Soll-BG × Plankostensatz =)

	Fall 1	Fall 2
	21.000 DM	22.750 DM

Die Verrechneten Kosten ergeben sich aus:

	Fall 1	Fall 2
K_f = Soll-BG × Fixkostensatz	7.000 DM	8.750 DM
P = Soll-BG × Proportionalkostensatz	14.000 DM	14.000 DM
K_v	21.000 DM	22.750 DM

2. Regel: Je niedriger die Planbeschäftigung, um so höher die Verrechneten Kosten.

Stellenrechnung

181 Sollkosten

Damit die Stellenrechnung durchgeführt werden kann, sind die Basisplankosten in ihren fixen und proportionalen Bestandteil zu zerlegen.

Die der Stelle Fräserei bei 700 Maschinenstunden vorzugebenden Sollkosten müssen die Proportionalkosten in Abhängigkeit von der erbrachten Leistung und die Fixkosten in voller Höhe enthalten.

	Fall 1	Fall 2
K_f	10.000 DM	10.000 DM
P = 700 MStd. × Proportionalkostensatz	14.000 DM	14.000 DM
K_s	24.000 DM	24.000 DM

3. Regel: Die Höhe der Sollkosten wird von der Wahl der Planbeschäftigung nicht beeinflußt.

Soll-Ausnutzungsgrad

Der Ausnutzungsgrad ergibt sich aus [(Soll-BG : Plan-BG) × 100] mit 182

	Fall 1	Fall 2
	70 %	87,5 %

4. Regel: Je niedriger die Planbeschäftigung, um so höher der Ausnutzungsgrad.

Beschäftigungsabweichung

Bei einer Beschäftigung von 700 MStd. konnte im Rahmen der *Trägerrechnung* nur ein 183
Teil der Plankosten der Stelle auf die erbrachten Leistungen verrechnet werden:

	Fall 1	Fall 2
K_f	7.000 DM	8.750 DM
P	14.000 DM	14.000 DM
K_v	21.000 DM	22.750 DM

Die im Rahmen der *Stellenrechnung* für eine Beschäftigung von 700 MStd. vorzugebenden Sollkosten haben die Proportionalkosten in Abhängigkeit von der Beschäftigung und die Fixkosten in voller Höhe enthalten:

	Fall 1	Fall 2
K_f	10.000 DM	10.000 DM
P	14.000 DM	14.000 DM
	24.000 DM	24.000 DM

Die zwischen K_v und K_s bestehende Differenz geht auf die unterschiedliche Behandlung der Fixkosten in Trägerrechnung und Stellenrechnung zurück:

	Fall 1	Fall 2
Fixkosten (in K_v)	7.000 DM	8.750 DM
- Fixkosten (in K_s)	10.000 DM	10.000 DM
Beschäftigungsabweichung A_b	-3.000 DM	-1.250 DM

Die hier ermittelte negative Abweichung stellt unterdeckte Fixkosten dar.

5. Regel: (bei $B_s < B_p$): Je niedriger die Planbeschäftigung, um so niedriger die unterdeckten Fixkosten.

Verbrauchsabweichung

Während die Plankosten sich aus der Multiplikation der Planmenge mit dem Planpreis 184
ergeben, werden die Istkosten durch Multiplikation der Istmenge mit dem Planpreis
ermittelt.

Daher ist jede Differenz zwischen Sollkosten und Istkosten als Unterschied zwischen Solleinsatzmengen und Isteinsatzmengen - also Verbrauchsabweichung - zu deuten.

	Fall 1	Fall 2
K_s	24.000 DM	24.000 DM
- K_i	25.000 DM	25.000 DM
A_v	- 1.000 DM	- 1.000 DM

6. Regel: Die Höhe der Verbrauchsabweichung wird von der Wahl der Planbeschäftigung nicht beeinflußt.

D. Abweichungs-Methoden

I. Wesen

Bei Anwendung der Zwei-Abweichungs-Methode wird die Mengenabweichung (A_m) in die *Beschäftigungsabweichung (A_b)* un die *Verbrauchsabweichung (A_v)* gegliedert.

Wenn Soll- und Ist-Bezugsgröße nicht übereinstimmen, kann die Mengenabweichung in die Beschäftigungs-, Verbrauchs- und *Intensitäts-Abweichung (A_i)* aufgelöst werden. Die Intensitätsabweichung läßt dabei die vom Plan abweichende Intensität der Produktion erkennen. Sie wird als Kostendifferenz zwischen den Verrechneten Kosten der Istbezugsgröße und der Sollbezugsgröße ermittelt.

II. Beispiel:

1. Ausgangsdaten

Basisplankosten (K_p)	= 20.000,-- DM
davon fix (K_f)	= 4.000,-- DM
davon prop.	= 16.000,-- DM
Istkosten (K_i)	= 19.000,-- DM
Plan-Bezugsgröße (PBG)	= 2.000 MStd.
Soll-Bezugsgröße (SBG)	= 1.600 MStd.
Ist-Bezugsgröße (IBG)	= 1.800 MStd.
Plankostensatz (PKS)	= 20.000,-- DM : 2.000 MStd. = 10,-- DM/MStd.
Proportionalkostensatz (PpKS)	= 16.000,-- DM : 2.000 MStd. = 8,-- DM/MStd.

2. Lösung: Zwei-Abweichungs-Methode

Sollkosten (K_s)	= (SBG × PpKS) + K_f
	(1.600 × 8) + 4.000 = 16.800,-- DM
Verrechnete Kosten (K_v)	= SBG × PKS
	= 1.600 × 10 = 16.000,-- DM
A_b	= K_v - K_s
	= 16.000 - 16.800 = . /. 800,-- DM
A_v	= K_s - K_i
	= 16.800 - 19.000 = . /. 2.200,-- DM
A_m	= A_b + A_v = <u>. /. 3.000,-- DM</u>

Kosten

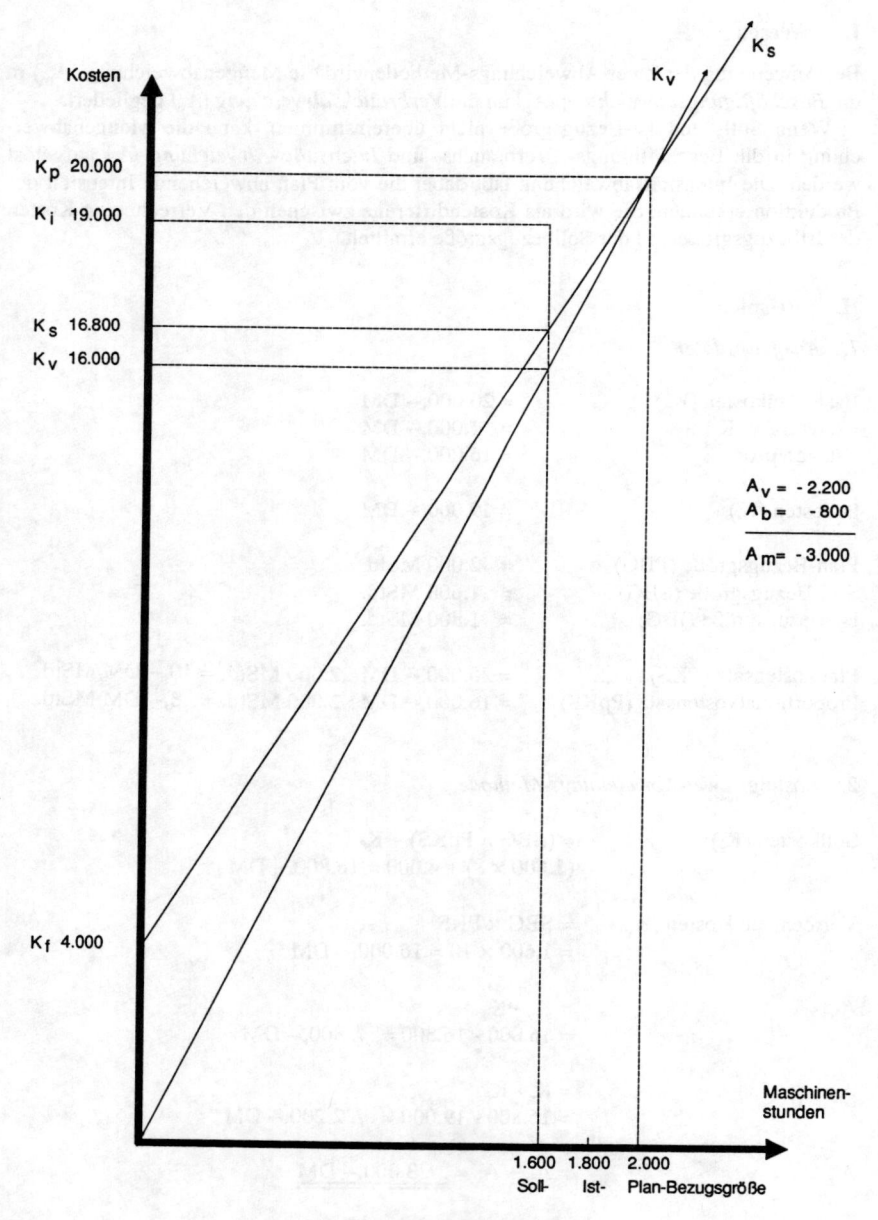

K_p 20.000
K_i 19.000

K_s 16.800
K_v 16.000

K_f 4.000

$A_v = -2.200$
$A_b = -800$
─────────
$A_m = -3.000$

Maschinenstunden

1.600   1.800   2.000
Soll-   Ist-   Plan-Bezugsgröße

Zwei-Abweichungs-Methode

3. Lösung: Drei-Abweichungs-Methode

K_s = (IBG × PpKS) + K_f
   = (1.800 × 8) + 4.000 = 18.400,-- DM

K_{v1} = IBG × PKS
   = 1.800 × 10 = 18.000,-- DM

K_{v2} = SBG × PKS
   = 1.600 × 10 = 16.000,-- DM

A_b = K_{v1} - K_s
   = 18.000 - 18.400 = ./. 400,-- DM

A_v = K_s - K_i
   = 18.400 - 19.000 = ./. 600,-- DM

A_i = K_{v2} - K_{v1}
   = 16.000 - 18.000 = ./.2.000,-- DM

A_m = A_b + A_v + A_i = <u>./.3.000,-- DM</u>

Drittes Kapitel

Kosten

- K_p 20.000
- K_i 19.000
- K_s 18.400
- $K_{v_{ist}}$ 18.000
- $K_{v_{soll}}$ 16.000
- K_f 4.000

K_v
K_s

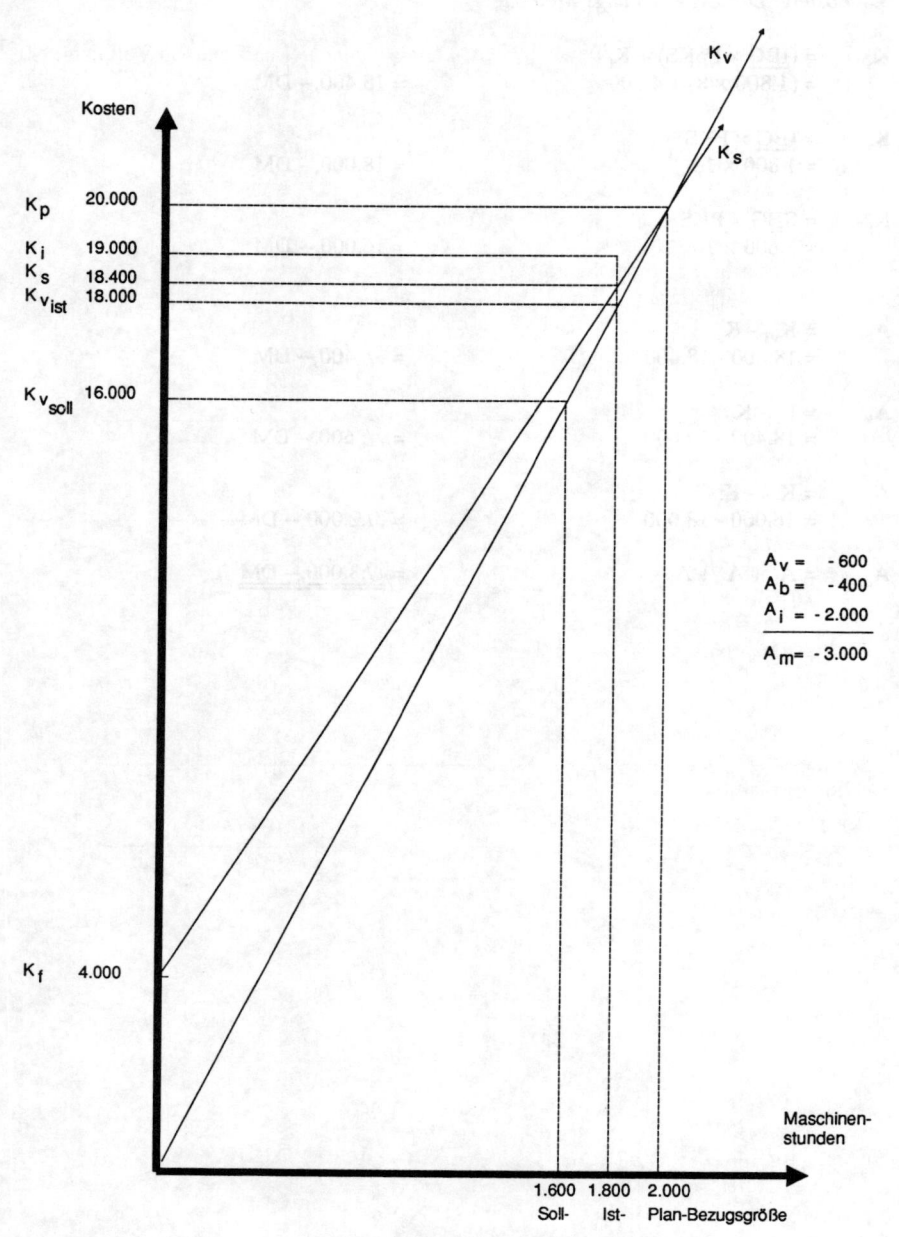

$A_v = -600$
$A_b = -400$
$A_i = -2.000$
$\overline{A_m = -3.000}$

1.600   1.800   2.000
Soll-   Ist-   Plan-Bezugsgröße

Maschinenstunden

Drei-Abweichungs-Methode

E. Übungen

I. Ermitteln Sie für die Betriebe A, B und C im Rahmen der teilflexiblen Vollplankosten-Rechnung

1. Basisplankosten,
2. Plankostensatz,
3. Soll-Ausnutzungsgrad,
4. Verrechnete Kosten,
5. Sollkosten,
6. Beschäftigungsabweichung,
7. Verbrauchsabweichung und
8. Mengenabweichung.

Gegeben:

Betrieb	Plan-Beschäftigung	Plan-Bezugsgröße (MStd.)	Soll-Bezugsgröße (MStd.)	Istkosten (DM)
A	wirtschaftliche Kapazität	4.000	2.500	17.000,--
B	erwartete Beschäftigung	3.500	2.500	17.000,--
C	Durchschnitts-Beschäftigung	3.000	2.500	17.000,--

Fixkosten = 8.000,-- DM/Monat
Proportionalkosten = 3,-- DM/MStd.

Lösung: Kostenstelle Dreherei - Monat September

Betrieb	Planbe-schäftigung	Plan-Bezugs-größe (MStd.)	Plan-Besch. Grad (%)	Basis-plan-kosten (DM)	Plan-kosten-satz (DM/MStd.)	Soll-Bezugs-größe (MStd.)	Ausn.-Grad (%)	Nicht genutzte Kapazität (MStd.)
A	Kapazität	4.000	100	20.000,-	5,--	2.500	62,5	1.500
B	Erwartete Besch.	3.500	100	18.500,-	5,29	2.500	71,4	1.000
C	Durchschn. Besch.	3.000	100	17.000,-	5,67	2.500	83,3	500

Betrieb	Verr.Kosten (DM)	Sollkosten (DM)	Istkosten (DM)	A_b (DM)	A_v (DM)	A_m (DM)
A	12.500,-	15.500,-	17.000,-	- 3.000,-	- 1.500,-	- 4.500,-
B	13.225,-	15.500,-	17.000,-	- 2.275,-	- 1.500,-	- 3.775,-
C	14.175,-	15.500,-	17.000,-	- 1.325,-	- 1.500,-	- 2.825,-

Bitte wenden Sie die in Abschnitt C aufgestellten Regeln an.

II. Zeigen Sie am Beispiel des Betriebes B, wie sich bei Ausnutzungsgraden zwischen 65% und 120% (in Abständen von 5%)

1. Soll-Bezugsgröße,
2. Verrechnete Kosten,
3. Sollkosten und
4. Beschäftigungsabweichung

entwickeln.

Teilflexible Vollplankosten-Rechnung

Gegeben:

Plan-Beschäftigung	= erwartete Beschäftigung
Plan-Bezugsgröße	= 3.500 MStd.
Fixkosten	= 8.000,-- DM/Monat
Proportionalkosten	= 3,-- DM/MStd.

Lösung:

Soll-Ausnutzungsgrad	Soll-Bezugsgröße	Verrechnete Kosten K_v	Soll-kosten K_s	Beschäftigungsabweichung A_b
%	(MStd.)	(DM)	(DM)	(DM)
65	2.275	12.025	14.825	- 2.800
70	2.450	12.950	15.350	- 2.400
75	2.625	13.875	15.875	- 2.000
80	2.800	14.800	16.400	- 1.600
85	2.975	15.725	16.925	- 1.200
90	3.150	16.650	17.450	- 800
95	3.325	17.575	17.975	- 400
100	3.500	18.500	18.500	- 0
105	3.675	19.425	19.025	+ 400
110	3.850	20.350	19.550	+ 800
115	4.025	21.275	20.075	+ 1.200
120	4.200	22.200	20.600	+ 1.600

III. Plan-Zuschlagskalkulation

Gegeben:

1. Basisplankosten = Plankosten der Planbeschäftigung
   FM = 600 Stck. × 1,5 kg/Stck. = 900 kg × 10,- DM/Kg = 9.000,- DM
   FL = 600 Stck. × 2,5 FStd./Stck. = 1.500 FStd. × 14,- DM/FStd. = 21.000,- DM

   FGK = 8.000,- DM
   MGK =   800,- DM
   VwGK = 1.000,- DM
   VtGK = 1.200,- DM

2. Plan-Bezugsgröße = quantitativer Ausdruck der Planbeschäftigung
Fert.-Bereich = 600 Stck. × 2 MStd./Stck. = 1.200 MStd.
Mat.-Bereich = 600 Stck. × 1,5 kg/Stck. = 900 kg FM

Verw.-Bereich = Plan-Herstellkosten der (geplanten)
Vertr.-Bereich = umgesetzten Leistung von 600 Stck.

Lösung:

1. Ermittlung der Plankostensätze
   Fert.-Bereich = 8.000,- DM : 1.200 MStd. = 6,67 DM/MStd.
   Mat.-Bereich = 800,- DM : 900 kg FM = 0,89 DM/kg FM

2. Ermittlung der Planherstellkosten je Einheit
   (1) FM   15,-- DM/LE   (1,5 kg × 10 DM/kg)
   (2) MGK   1,34 DM/LE   (1,5 kg × 0,89 DM/kg FM)
   ---
   (3) MK   16,34 DM/LE   (1 + 2)
   (4) FL   35,-- DM/LE   (2,5 FStd. × 14,- DM/FStd.)
   (5) FGK   13,34 DM/LE   (2 MStd. × 6,67 DM/MStd.)
   ---
   (6) FK   48,34 DM/LE   (4 + 5)
   (7) HK   64,68 DM/LE   (3 + 6)

3. Ermittlung der Planherstellkosten der (gepl.) umgesetzten Leistung
   64,68 DM/LE × 600 Stck. = 38.808 DM

4. Ermittlung der Plankostensätze

   $$\text{Verw.-Bereich} = \frac{1.000 \times 100}{38.808} = 2,58\%$$

   $$\text{Vertr.-Bereich} = \frac{1.200 \times 100}{38.808} = 3,09\%$$

5. Ermittlung der Planselbstkosten/Einheit
Planherstellkosten	= 64,68 DM/LE
VwGK = 2,58 % v. 64,68	= 1,67 DM/LE
VtGK = 3,09 % v. 64,68	= 2,-- DM/LE
Planselbstkosten/LE	= **68,35 DM/LE**

F. Begriffe und Formeln

Anspannungsgrad	gibt Auskunft, wie großzügig die bei der Kostenplanung anzusetzenden Stoff- und Zeitmengen zu bemessen sind.	192

Ausnutzungsgrad (Soll-) $\quad\dfrac{\text{Soll-Bezugsgröße}}{\text{Plan-Bezugsgröße}} \times 100$

Basisplankosten — Plankosten der Planbeschäftigung

Beschäftigungsabweichung — ungedeckte (bzw. überdeckte) Fixkosten
$$A_b = K_v - K_s$$
$$A_b = A_m - A_v$$

Bezugsgröße — quantitativer Ausdruck der Stellenleistung

Planbezugsgröße - umfaßt die Zahl der Bezugsgrößeneinheiten, die für die bei Planbeschäftigung herzustellende Produktmenge angemessen ist.

Sollbezugsgröße - umfaßt die Zahl der Bezugsgrößeneinheiten, die für die gefertigte Produktmenge planmäßig aufzuwenden war. Die Sollbezugsgröße findet bei der Ermittlung der Sollkosten und Verrechneten Kosten Verwendung.

Istbezugsgröße - umfaßt die Zahl der Bezugsgrößeneinheiten, die für die gefertigte Produktmenge tatsächlich angefallen ist.

Budgetkosten — (geschätzte) zukünftige Istkosten

Fixkostensatz — $\dfrac{\text{Fixkosten}}{\text{Planbezugsgröße}}$

Istkosten — Istmenge × Planpreis

Knappheitsgrad — siehe Anspannungsgrad

Kosten — (wertmäßiger) betriebsbedingter Normalverbrauch an Gütern und Diensten

Kostenauflösung — führt zur Zerlegung der unterproportionalen Kosten in den fixen und proportionalen Bestandteil

Kostencharakter	gibt an, wie sich die Kosten bei Beschäftigungsänderungen verhalten
Mengenabweichung	$A_m = K_v - K_i$
	$A_m = A_v + A_b$
Nutzungsabweichung	siehe Beschäftigungsabweichung
Planbeschäftigung	Leistungsumfang der Stelle, auf dessen Grundlage die Bestimmung der Basisplankosten erfolgt
Plandaten	repräsentieren die betrieblichen Verhältnisse. Zu den Plandaten gehören u.a.: ein bestimmter Beschäftigungsgrad; ein bestimmter mengenmäßiger Verbrauch; ein bestimmtes Herstellungsverfahren; eine bestimmte Auftragszusammensetzung; eine bestimmte Losgröße.
Plankosten	im voraus methodisch ermittelte, für einen bestimmten Leistungsumfang vorgegebene, als erreichbar betrachtete, auf längere Sicht konstante Normen mit dem Zweck der Disposition, der Kontrolle und des Leistungsansporns.
Plankostensatz	$\dfrac{\text{Basisplankosten}}{\text{Planbezugsgröße}}$
Planpreis	i.d.R. ein auf der Grundlage effektiver Marktpreise gebildeter fester Verrechnungspreis.
Planwirtschaftlichkeitsgrad	siehe Anspannungsgrad
Preisabweichung	Istmenge × (Planpreis - Istpreis)
Proportionalkostensatz	$\dfrac{\text{Proportionalkosten bei Planbeschäftigung}}{\text{Planbezugsgröße}}$
Reagibilitätsgrad	$\dfrac{\text{prozentuale Kostenänderung}}{\text{prozentuale Beschäftigungsänderung}}$
Soll-Ausnutzungsgrad	s. Ausnutzungsgrad

Viertes Kapitel: Deckungsbeitragsrechnung

Textziffer

A. *Einführung*
   I. Kritik an der Vollkostenrechnung   193 ff.
   II. Blockkostenrechnung   196

B. *Durchführung*
   I. Absoluter Deckungsbeitrag
      1. Deckungsbeitrag/Leistungseinheit   197
      2. Verkaufsmengen-Rechnung   198
      3. Break-even point   199
   II. Prozentualer Deckungsbeitrag
      1. Brutto-Erfolgsspanne   200
      2. Netto-Gewinn   201
   III. Relativer Deckungsbeitrag
      1. Deckungsbeitrag/Einheit der knappen Kapazität   202
      2. Gesamtdeckungsbeitrag   203
      3. Gewinneignung   204
      4. Programmplanung (Beispiel)   205
   IV. Erfolgsermittlung
      1. Überblick   206
      2. Bestimmung des Reingewinns in VKR und DBR (Beispiel)   207
      3. Beurteilung der erzielten Ergebnisse   208, 209
   V. Deckungsbeitragskalkulation
      1. Kalkulation bei Unterbeschäftigung   210
      2. Kalkulation bei Vollbeschäftigung   211
      3. Kalkulation bei Engpaßkapazitäten   212

C. *Übungen*
   I. Deckungsmengen   213
   II. Periodenergebnis   214

Viertes Kapitel: Deckungsbeitragsrechnung

Textziffer

A. *Einführung*
   I. Kritik an der Vollkostenrechnung   193 ff.
  II. Blockkostenrechnung   196

B. *Durchführung*
     I. Absoluter Deckungsbeitrag
        1. Deckungsbeitrag/Leistungseinheit   197
        2. Verkaufsmengen-Rechnung   198
        3. Break-even point   199
    II. Prozentualer Deckungsbeitrag
        1. Brutto-Erfolgsspanne   200
        2. Netto-Gewinn   201
  III. Relativer Deckungsbeitrag
        1. Deckungsbeitrag/Einheit der knappen Kapazität   202
        2. Gesamtdeckungsbeitrag   203
        3. Gewinneignung   204
        4. Programmplanung (Beispiel)   205
   IV. Erfolgsermittlung
        1. Überblick   206
        2. Bestimmung des Reingewinns in VKR und DBR (Beispiel)   207
        3. Beurteilung der erzielten Ergebnisse   208, 209
    V. Deckungsbeitragskalkulation
        1. Kalkulation bei Unterbeschäftigung   210
        2. Kalkulation bei Vollbeschäftigung   211
        3. Kalkulation bei Engpaßkapazitäten   212

C. *Übungen*
   I. Deckungsmengen   213
  II. Periodenergebnis   214

Viertes Kapitel

Deckungsbeitragsrechnung

A. Einführung

I. Kritik an der Vollkostenrechnung

1. Verrechung der Fixkosten

Die Vollkostenrechnung (VKR) sieht die Verteilung aller Kosten – also der proportionalen *und* fixen Kosten – auf die Erzeugnisse vor. Dabei ist eine verursachungsgerechte Verrechnung sämtlicher fixer Kosten nicht möglich.

2. Auswirkungen auf die Beschäftigungslage

Bei der Berechnung von vollen Kosten steigen die *Kosten je Erzeugniseinheit* mit jeder Verschlechterung der Beschäftigungslage. Zu dieser Situation kommt es, weil die Fixkosten auf die jeweils produzierte Menge umgelegt werden.

Die Mengenänderung bei einem Produkt führt zu einer Änderung der Fixkostenverteilung und damit zu einer Änderung des Erfolgsausweises auch bei den Produkten, die die gleichen Kostenstellen durchlaufen.

Es ist denkbar, daß nach einer Neuverteilung der fixen Kosten die erzielten Erlöse die vollen Kosten nicht mehr bei allen Erzeugnissen übersteigen. Damit besteht die Gefahr, daß solche Erzeugnisse auch aufgegeben werden, wenn sie einen Teil der fixen Kosten des Unternehmens zu decken in der Lage wären.

Der Aufgabe bestimmter Erzeugnisse folgt eine Neuverteilung der fixen Kosten usw. usw.

Das Rechnen mit Vollkosten kann somit dazu führen, daß sich der Betrieb bei einem Artikel nach dem anderen aus dem "Markt herauskalkuliert", natürlich mit der Folge, daß dadurch das Gesamtergebnis laufend schlechter wird.

3. Ergebnisrechnung

In der Vollkostenrechnung werden die fixen Kosten nicht als Kosten der Periode, sondern als *Kosten der Produkte* behandelt. Ein solches Vorgehen führt dazu, daß stets ein Teil der fixen Kosten den Fabrikatekonten belastet wird.

Das bedeutet, daß bei einer Erhöhung der Bestände nicht alle fixen Kosten der laufenden Periode gegen den Erlös abgebucht, sondern zu einem Teil in den Bestand angesammelt werden. Nehmen dagegen die Bestände ab, **werden** fixe Kosten einer früheren Periode der laufenden Periode zugeschlagen.

4. Absolute Preisuntergrenze

195 Betriebe, die mit Vollkosten rechnen, können die absolute Preisuntergrenze nicht bestimmen und damit nicht festlegen, zu welchem Preis ein Verkauf der Erzeugnisse bei *Unterbeschäftigung* des Betriebes noch möglich ist.

II. Blockkostenrechnung

196 Die Mängel der VKR haben die Entwicklung der Deckungsbeitragsrechnung veranlaßt.

Die Deckungsbeitragsrechnung sieht die Belastung der Produkte nur mit den proportionalen Kosten vor. Die fixen Kosten werden gegen den Bruttogewinn aufgerechnet, der sich nach Abzug der proportionalen Kosten einer Periode vom Erlös der gleichen Periode ergibt.

Der Bruttogewinn wird auch "Deckungsbeitrag" genannt. Dieser Begriff ist nicht glücklich gewählt, weil der Anteil der Erlöse gemeint ist, der zur Deckung der fixen Kosten und zur Gewinnbildung beitragen soll.

Die Deckungsbeitragsrechnung tritt in verschiedenen Formen auf. Am Beispiel einer "Blockkostenrechnung" wird ihr Wesen deutlich:

Bereich	I				II	Gesamt
Kostenträger-gruppe	1		2		3 - 8	-
Kostenträger	A	B	C	D	E - R	-
Bruttoerlös - Vertriebs-einzelkosten	22.500 900	24.000 1.200	40.000 2.400	35.600 1.800	420.500 15.600	542.600 21.900
Nettoerlös - prop. Erzeug-niskosten	21.600 18.200	22.800 20.000	37.600 29.800	33.800 27.200	404.900 380.900	520.700 476.100
Deckungsbeitrag	3.400	2.800	7.800	6.600	24.000	44.600
- Fixkosten						32.000
Periodenergebnis						12.600

Deckungsbeitragsrechnung

B. Durchführung

I. Absoluter Deckungsbeitrag

1. Deckungsbeitrag / Leistungseinheit

Bruttoerlös		32,-- DM/Stck.
- Rabatte usw.		2,-- DM/Stck.
Netto-Preis		30,-- DM/Stck.
- Vertriebseinzelkosten Provisionen, Frachten usw.)		2,-- DM/Stck.
- prop. Materialkosten	2,--	
- prop. Fertigungskosten	4,--	
- prop. sonstige Kosten	6,--	12,-- DM/Stck.
DB = Bruttoerfolg		<u>16,-- DM/Stck.</u>

Bei dem errechneten absoluten Deckungsbeitrag, fixen Kosten von 20.000,-- DM/Periode und einem Absatz von 3.000 Stck./Periode hat der

$$\text{Netto-Gewinn} = (16 \times 3.000) - 20.000$$
$$= 28.000,\text{-- DM}$$

betragen.

2. Verkaufsmengen-Rechnung

Sobald der DB je Leistungseinheit vorliegt, ist zu erkennen, welche Veränderungen der Verkaufsmengen notwendig sind, wenn bei vorgesehenen Preissteigerungen oder Preisherabsetzungen der Gewinn unverändert bleiben soll.

Bei gegebenen Fixkosten wird der Gesamtgewinn nicht beeinflußt, wenn

$DB_{bisher} \times Menge_{bisher} = DB_{neu} \times Menge_{neu}$.

Die gesuchte $Menge_{neu}$ läßt sich somit ermitteln aus

$$Menge_{neu} = \frac{DB_{bisher}}{DB_{neu}} \times Menge_{bisher}.$$

Beispiel: Es ist eine Preissenkung von 3,20 DM geplant.

                Alter Preis   30,00 DM/Stück
        -   Preissenkung   3,20 DM/Stück
                                                                  26,80 DM/Stück
        -   prop. Kosten   14,00 DM/Stück
           DB_{neu} 12,80 DM/Stück

$$\text{Menge}_{neu} = \frac{16}{12,80} \times 3.000 = 3.750 \text{ Stück}$$

Gewinn = (12,80 × 3.750) - 20.000 = 28.000,00 DM.

3. Break-even point

199 Der Punkt, bei dem der Betrieb von der Verlustzone in die Gewinnzone wechselt, wird Nutzschwelle (Break-even point; Gewinnpunkt usw.) genannt.

Sie läßt sich unter Berücksichtigung der Ausgangsdaten als "Kritische Menge" mit

$$\frac{\text{Fixkosten}}{\text{DB / Stück}} = \frac{20.000}{16} = 1.250 \text{ Stck.}$$

bestimmen, bei der Erlöse und Kosten übereinstimmen:

        Prop. Kosten   = 14 × 1.250   = 17.500,-- DM
        Fixe Kosten   =   20.000,-- DM

        Gesamtkosten   =   37.500,-- DM
        Erlöse   = 30 × 1.250   = 37.500,-- DM.

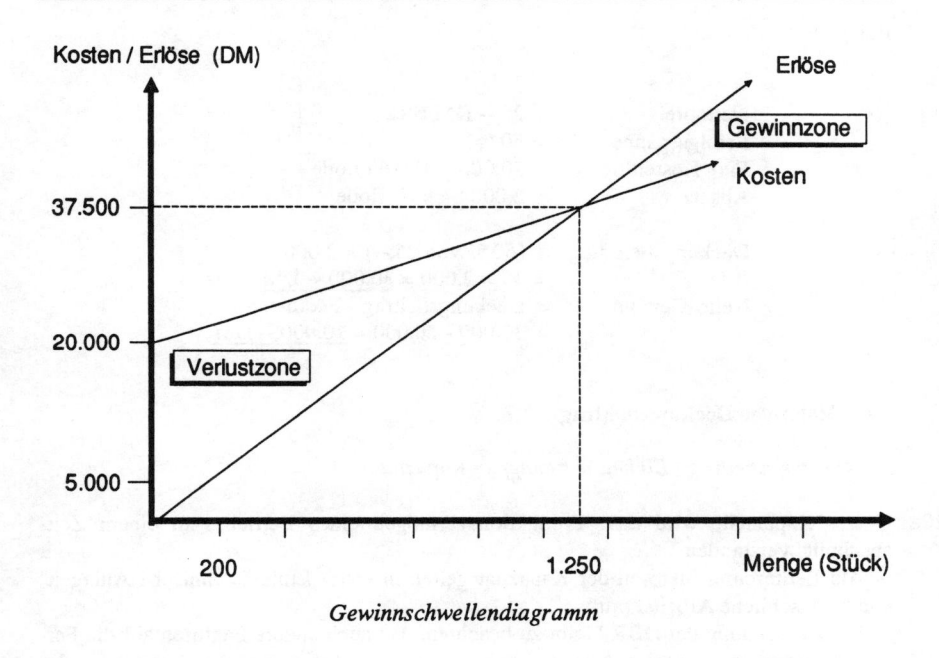

```
Kosten / Erlöse (DM)                    Erlöse
                                     ┌──────────┐
                                     │Gewinnzone│
                                     └──────────┘
                                          Kosten
37.500 ┆----------------------------┤
                                    ┆
                                    ┆
20.000 ┆
       ┌──────────┐
       │Verlustzone│
       └──────────┘
 5.000 ┆

         200                      1.250        Menge (Stück)
```

Gewinnschwellendiagramm

II. Prozentualer Deckungsbeitrag

1. Brutto-Erfolgsspanne

Sie wird ermittelt aus 200

$$\frac{\text{Deckungsbeitrag / Stck.}}{\text{Netto - Preis / Stck.}} \times 100.$$

Anhand der Erfolgsspanne kann i.d.R. ebensowenig wie anhand des Deckungsbeitrags/ Stck. ein Entscheid über die Gewinneignung der Erzeugnisse gefällt werden.

2. Nettogewinn

Mit Hilfe der Brutto-Erfolgsspanne ist es möglich, für jeden beliebigen Absatz den Deckungsbeitrag und den Netto-Gewinn zu errechnen. 201

Beispiel:

Nettopreis	= 25,-- DM/Stck.
Erfolgsspanne	= 60 %
Fixe Kosten	= 20.000,-- DM/Periode
Absatz	= 2.000 Stck./Periode
Deckungsbeitrag	= (60 % von 25,--) × 2.000
	= 15 × 2.000 = 30.000,-- DM
Netto-Gewinn	= Deckungsbeitrag - Fixkosten
	= 30.000 - 20.000 = 10.000,-- DM.

III. Relativer Deckungsbeitrag

1. Deckungsbeitrag / Einheit der knappen Kapazität

202 Unter "Kapazität" wird das "Produktionsvermögen eines Betriebes in einem Zeitabschnitt" verstanden.

Als Betimmungsfaktoren der Kapazität gelten in erster Linie "technische Anlagen" und "menschliche Arbeitskraft".

Bei Anwendung der DBR bleibt zu beachten, daß auch andere Faktoren auf die Fertigung mengenbegrenzend wirken können, so z.B. die personelle Besetzung des "Vertriebsapparates" und die Möglichkeit der Hingabe von "Kundenkrediten".

Neben *internen* Kapazitäten wie Anlagen, Vertriebsapparat, Kundenkredit usw. können auch *externe* Kapazitäten Mengenbegrenzungen auslösen. Zu den externen Kapazitäten rechnen die Lieferfähigkeit des "Beschaffungsmarktes" und die Aufnahmefähigkeit des "Absatzmarktes".

2. Gesamtdeckungsbeitrag

203 Mit Hilfe der Sortimentspolitik will jedes Unternehmen höhere Gewinne erzielen, um so trotz Preisdruck der Konkurrenz, Kostensteigerungen auf dem Arbeitsmarkt und auf den Rohstoffmärkten *langfristig* zu einer angemessenen Verzinsung des eingesetzten Kapitals zu kommen.

Jedes Unternehmen wird somit bestrebt sein, seine Gewinne zu maximieren. Es wäre jedoch falsch, aus der Forderung nach Gewinnmaximierung in jedem Falle die Forderung nach Preiserhöhungen ableiten zu wollen, da ungerechtfertigt hohe Preise die Konkurrenz anziehen oder die Nachfrage sinken lassen würden und damit auf lange Sicht zu Gewinnschmälerungen führen müßten.

Ein Unternehmen wird Gewinne erzielen, sobald die Summe der von den verschiedenen Erzeugnissen erwirtschafteten Deckungsbeiträge größer ist als die fixen Kosten.

Das bedeutet, daß eine erfolgreiche Sortimentspolitik auf die Erzielung des unter gegebenen Umständen und auf lange Sicht höchstmöglichen Gesamtdeckungsbeitrages gerichtet sein muß.

3. Gewinneignung

Der DB je Leistungseinheit läßt eine Aussage über die Gewinneignung eines Erzeugnisses nur zu, wenn freie Kapazitäten für eine längerfristige Periode unterstellt werden. Eine erfolgreiche Sortimentspolitik anhand des absoluten DB ist somit nicht möglich, sobald Engpässe auftreten.

Vorhandene Engpässe sind so zu nutzen, daß der Betrieb je Einheit der knappen Kapazität den bestmöglichen DB erhält.Es sind folglich die Produkte in das Sortiment aufzunehmen, die zum höchstmöglichen relativen Deckungsbeitrag führen.

4. Programmplanung

a) Gegeben:

Knappe Kapazitäten

	Dreherei	= 960 MStd./Monat
	Vertrieb	= 2.160 Kundenbesuche/Monat
	Kundenkredit	= 500.000,-- DM/Monat

Fixe Kosten   = 100.000,-- DM/Monat

Erzeugnisse

X　　Preis　　　　= 10,-- DM/Stck.
　　　DB　　　　　= 3,-- DM/Stck.
　　　Produktion　= 80 Stck./MStd.
　　　Umsatz　　　= 350,-- DM/Kundenbesuch

Y　　Preis　　　　= 12,-- DM/Stck.
　　　DB　　　　　= 3,50 DM/Stck.
　　　Produktion　= 60 Stck./MStd.
　　　Umsatz　　　= 400,-- DM/Kundenbesuch

Z　　Preis　　　　= 4,-- DM/Stck.
　　　DB　　　　　= 1,50 DM/Stck.
　　　Produktion　= 120 Stck./MStd.
　　　Umsatz　　　= 300,-- DM/Kundenbesuch

Lösung:

Erzeugnis	Knappe Kap.	Kap.-Grenzen im Monat	Kap. in Stck. je Monat	DB je Monat	Gewinn je Monat
X	Dreherei	960 MStd.	76.800 [1]	(230.400) [4]	–
	Vertrieb	2.160 Kd.-Bes.	75.600 [2]	–	–
	Kredit	500.000 DM	50.000 [3]	150.000 [5]	50.000 [6]
Y	Dreherei	960 MStd.	57.600	–	–
	Vertrieb	2.160 Kd.-Bes.	72.000	–	–
	Kredit	500.000 DM	41.666	145.831	45.831
Z	Dreherei	960 MStd.	115.200	172.800	72.800
	Vertrieb	2.160 Kd.-Bes.	162.000	–	–
	Kredit	500.000 DM	125.00	(187.500)	–

[1] 960 × 80; [2] (2.160 × 350) : 10; [3] 500.000 : 10; [4] 76.800 × 3; [5] 50.000 × 3; [6] 150.000 - 100.000

1. Fall: Das Unternehmen kann X und Y herstellen

Bei beiden Erzeugnissen entspricht der Kundenkredit der knappsten Kapazität. Wie die Übersicht zeigt, könnten 50.000 Einheiten von X oder 41.666 Einheiten von Y gefertigt, vertrieben und vorfinanziert werden.
    Der Betrieb wird - obwohl Y einen größeren Deckungsbeitrag/Stck. aufweist ! - die Produktion von X aufnehmen, da auf diese Weise ein höherer Gesamt-Deckungsbeitrag und damit Gewinn erzielt werden kann.
    Der getroffene Entscheid wird durch den relativen Deckungsbeitrag bestätigt, der bei X = 150.000 : 500.000 = 0,30 DM, bei Y = 145.831 : 500.000 = 0,29 DM ausmacht.

2. Fall: Das Unternehmen kann X und Z produzieren

Für X stellt der Kundenkredit, für Z die Dreherei die knappste Kapazität dar. Daraus ergibt sich, daß nicht ein Produkt, sondern nur eine Mischung aus beiden Produkten zum höchsten Monatsgewinn führen kann.
    Die Gegenüberstellung der für die Erzeugnisse X und Z gesammelten Daten zeigt, daß es zweckmäßig ist,

– die Kapazität des für X festgestellten Engpasses (Kundenkredit) soweit wie möglich für die Produktion von Z zu verwenden,

– die für Z festgestellte Engpaß-Kapazität (Dreherei) soweit wie möglich für die Fertigung von X in Anspruch zu nehmen.

Ein solches Vorgehen ist ratsam, weil die Kapazität "Dreherei" einen größeren Deckungsbeitrag erbringt, wenn sie für die Produktion von X genutzt wird. Die Kapazität "Kundenkredit" läßt dagegen die Erzielung eines größeren Deckungsbeitrags zu, wenn sie für die Herstellung von Z Verwendung findet.

Herstellkosten:
a) FM 4,- DM/Stück
   FL 3,- DM/Stück
   Prop. MGK/FGK 2,- DM/Stück
   Prop. Kosten 9,- DM/Stück

b) Fixe MGK/FGK:
   450.000,-- DM/Jahr
   37.500,-- DM/Monat
   2,50 DM/Stück (bei normaler Beschäftigung)

VWGK/VTGK
a) Prop. Kosten: 4,- DM je umgesetzter Einheit
b) Fixe Kosten
   96.000,-- DM/Jahr
   8.000,-- DM/Monat

Verkaufspreis: 20,- DM/Stück

Bestandsrechnung:

Menge (Stück)	1. Monat	2. Monat	3. Monat	4. Monat
AB	-	-	4.000	1.000
Hergestellt	14.000	16.000	13.000	15.000
Verkauft	14.000	12.000	16.000	16.000
SB	-	4.000	1.000	-

Herstellkosten:
a) FM   4,- DM/Stück
  FL   3,- DM/Stück
  <u>Prop. MGK/FGK 2,- DM/Stück</u>
  Prop. Kosten 9,- DM/Stück

b) Fixe MGK/FGK:
  450.000,-- DM/Jahr
   37.500,-- DM/Monat
    2,50 DM/Stück (bei normaler Beschäftigung)

VWGK/VTGK
a) Prop. Kosten: 4,- DM je umgesetzter Einheit
b) Fixe Kosten
  96.000,-- DM/Jahr
   8.000,-- DM/Monat

Verkaufspreis: 20,- DM/Stück

Bestandsrechnung:

Menge (Stück)	1. Monat	2. Monat	3. Monat	4. Monat
AB	-	-	4.000	1.000
Hergestellt	14.000	16.000	13.000	15.000
Verkauft	14.000	12.000	16.000	16.000
SB	-	4.000	1.000	-

Lösung:

Vollkostenrechnung:	1. Monat	2. Monat	3. Monat	4. Monat
(1) Netto-Erlös	280.000	240.000	320.000	320.000
(2) FM	56.000	64.000	52.000	60.000
(3) FL	42.000	48.000	39.000	45.000
(4) Prop. MGK/FGK	28.000	32.000	26.000	30.000
(5) Fixe MGK/FGK	35.000	40.000	32.500	37.500
(6) HK der erzeugten Menge	161.000	184.000	149.500	172.500
(7) AB	-	-	46.000	11.500
(8) HK der zum Verkauf verfügbaren Menge	161.000	184.000	195.500	184.000
(9) SB	-	46.000	11.500	-
(10) HK der abgesetzten Menge	161.000	138.000	184.000	184.000
(11) Rohgewinn	119.000	102.000	136.000	136.000
(12) VWGK/VTGK	64.000	56.000	72.000	72.000
(13) Reingewinn aus Verkauf	55.000	46.000	64.000	64.000
(14) Unter-/Überdeckung fixer HK	-2.500	+2.500	-5.000	-
(15) BE (Reingewinn)	52.500	48.500	59.000	64.000

Erläuterungen VKR:

(1):   Verkaufte Menge × Preis/Stück;
(2):   Hergestellte Menge × FM/Stück;
(3):   Hergestellte Menge × FL/Stück;
(4):   Hergestellte Menge × prop. MGK/FGK je Stück;
(5):   Hergestellte Menge × fixe MGK/FGK je Stück;
(6):   (2) + (3) + (4) + (5);
(7):   Anfangsbestand × HK/Stück;
(8):   (6) + (7);
(9):   Schlußbestand × HK/Stück;
(10): (8) - (9);
(11): (1) - (10);
(12): (verkaufte Menge × prop. VWGK/VTGK je Stück) + fixe VWGK/VTGK je Monat;
(13): (11) - (12);
(14): (5) - fixe MGK/FGK je Monat;
(15): **(13) ± (14)**

Deckungsbeitragsrechnung:	1. Monat	2. Monat	3. Monat	4. Monat
(1) Netto-Erlös	280.000	240.000	320.000	320.000
(2) FM	56.000	64.000	52.000	60.000
(3) FL	42.000	48.000	39.000	45.000
(4) Prop. MGK/FGK	28.000	32.000	26.000	30.000
(5) Prop. HK der erzeugten Menge	126.000	144.000	117.000	135.000
(6) AB	-	-	36.000	9.000
(7) Prop. HK der zum Verkauf verfügbaren Menge	126.000	144.000	153.000	144.000
(8) SB	-	36.000	9.000	-
(9) Prop. HK der abgesetzten Menge	126.000	108.000	144.000	144.000
(10) Prop. VWGK/VTGK	56.000	48.000	64.000	64.000
(11) Prop. SK	182.000	156.000	208.000	208.000
(12) Bruttogewinn (DB)	98.000	84.000	112.000	112.000
(13) Fixe Kosten	45.500	45.500	45.500	45.500
(14) BE (Reingewinn)	52.500	38.500	66.500	66.500

Erläuterungen DBR:

- (1): Verkaufte Menge × Preis/Stück;
- (2): Hergestellte Menge × FM/Stück;
- (3): Hergestellte Menge × FL(Stück;
- (4): Hergestellte Menge × prop. MGK/FGK je Stück;
- (5): (2) + (3) + (4);
- (6): Anfangsbestand × prop. HK/Stück;
- (7): (5) + (6);
- (8): Schlußbestand × prop. HK/Stück;
- (9): (7) - (8);
- (10): verkaufte Menge × prop. VWGK/VTKG je Stück;
- (11): (9) + (10);
- (12): (1) - (11);
- (13): Fixe MGK/FGK je Monat + fixe VWGK/VTGK je Monat;
- (14): (12) - (13).

3. Beurteilung der erzielten Ergebnisse

Der Vergleich der in den einzelnen Monaten erzielten Reingewinne zeigt, daß VKR und DBR nicht immer zum gleichen Ergebnis führen.

VKR und DBR weisen nur dann den gleichen Erfolg aus, wenn die Fabrikatebestände unverändert geblieben sind.

Da beim Rechnen mit Vollkosten stets ein Teil der fixen (zeitabhängigen) Kosten den Fabrikatekonten belastet wird, zeigt die DBR in den Perioden, in denen die Bestände angewachsen sind, ein schlechteres Ergebnis, in Perioden, in denen die Bestände verringert wurden, dagegen ein besseres Ergebnis als die VKR, so z.B. im 3. Monat.

Stück	Bewertung zu		Differenz
	Vollkosten	Teilkosten	
AB 4.000	46.000 DM -	36.000 DM	= 10.000 DM
SB 1.000	11.500 DM -	9.000 DM	= 2.500 DM
			7.500 DM

Die bei der Bestandsbewertung festgestellte Differenz entspricht dem Betrag, der sich als Unterschied zwischen dem nach der DBR und der VKR ermittelten Reingewinn ergeben hat.

Wenn man davon ausgeht, daß fixe Kosten Periodenkosten sind, führt eine kritische Beurteilung der Ergebnisse zu der Feststellung, daß eine bestandsmäßige Abgrenzung von Fixkosten falsch und nur der nach dem Grenzkostenprinzip ermittelte Gewinn richtig ist.

Im gegebenen Beispiel ist zu Beginn des 1. Monats kein Anfangsbestand, am Ende des 4. Monats kein Schlußbestand vorhanden. Damit stimmt für den gesamten Zeitraum die Summe der Periodenergebnisse in VKR und DBR überein:

Monat	Schlußbestände	Ergebnisse VKR	Ergebnisse DBR
1.	0 Stück	52.500 DM	52.500 DM
2.	4.000 Stück	48.500 DM	38.500 DM
3.	1.000 Stück	59.000 DM	66.500 DM
4.	0 Stück	64.000 DM	66.500 DM
		224.000 DM	224.000 DM

V. Deckungsbeitragskalkulation

1. Kalkulation bei Unterbeschäftigung

210 Auf lange Sicht muß jedes Unternehmen seine Fixkosten gedeckt erhalten, wenn es lebensfähig bleiben will; das bedeutet, daß eine Kalkulation zu Proportionalkosten nicht zu dem Preis führen kann, der beim Verkauf eines Artikels anzustreben ist.

Die Kalkulation auf der Grundlage von Proportionalkosten erlaubt die Ermittlung der *absoluten Preisuntergrenze*.

Beispiel:

a)	Fertigungslohnkosten	20,-- DM	
b)	Proportionale Fertigungsgemeinkosten Stelle I	7,-- DM	
c)	Proportionale Fertigungsgemeinkosten Stelle II	8,-- DM	
d)	Fertigungsmaterialkosten	25,-- DM	
e)	Proportionale Materialgemeinkosten	<u>5,-- DM</u>	
f)	Proportionale Herstellkosten		65,-- DM
g)	Vertreterprovision		9,-- DM
h)	Ausgangsfracht		7,-- DM
i)	Absolute Preisuntergrenze		<u>81,-- DM</u>

Der Betrieb muß wissen, daß

a) die Annahme eines Auftrages zu einem unter dieser Grenze liegenden Preis einen zusätzlichen Verlust gegenüber der Nichtannahme des Auftrages verursacht;

b) jeder über die absolute Preisuntergrenze hinaus erzielbare Betrag zur Fixkostendeckung beiträgt, also - soweit die Fixkosten noch nicht gedeckt sind - einen *relativen* Gewinn erwirtschaften läßt.

Beispiel:

Gesamtkosten = Preisuntergrenze	=	12,-- DM/LE
davon proportional = absolute Preisuntergrenze	=	8,-- DM/LE
davon fix - bei normaler Auslastung der Kapazität	=	4,-- DM/LE

Preis = 7,-- DM/LE

Absoluter Verlust bei Auftragsannahme
= 12 - 7 = 5,-- DM/LE
Absoluter Verlust bei Nichtannahme des Auftrages
= 12 - 8 = 4,-- DM/LE

Preis = 9,-- DM/LE

Absoluter Verlust = 12 - 9 = 3,-- DM/LE
Relativer Gewinn = 9 - 8 = 1,-- DM/LE

2. *Kalkulation bei Vollbeschäftigung*

Produkte	vorliegende Aufträge			zu kalkulierender Auftrag
	A	B	C	D
a) Erlös/Stück	7,--	10,--	12,--	-
b) Prop. Kosten/Stck.	5,50	4,--	10,--	6,-
c) DB/Stck.	1,50	6,--	2,--	-
d) Bearb.-Zeit/Stück in Minuten	10	30	20	15
e) DB pro Minute Bearbeitungszeit	0,15	0,20	0,10	-
f) Geringster DB pro Minute Bearb.-Zeit	-	-	0,10	-
g) Mindest-DB/Stück	-	-	-	0,10 x 15 = 1,50 DM
h) Mindestpreis/Stück	-	-	-	6,- + 1,50 = <u>7,50 DM</u>

3. Kalkulation bei Engpaßkapazitäten

A + B = nur Stelle 2,   C = nur Stelle 1,   D = Stelle 2 + Stelle 1

	Produkte	Vorl. Aufträge mit Engpaßkonstenstelle 2		Zu kalk. Auftrag mit Engpaßkostenstelle 2
		A	B	D
a)	Erlös/Stück	7,--	10,--	-
b)	Prop. Kosten/Stück	5,50	4,--	6,--
c)	DB/Stück	1,50	6,--	-
d)	Bearb.-Zeit je Stück in Engpaßkostenstelle 2 in Minuten	10	30	10
e)	Bearb.-Zeit je Stück (außerhalb d. Engp.-Kst.) in Stelle 1 in Minuten	-	-	5
f)	DB pro Minute Bearb.-Zeit in der Engp.-KSt. 2	0,15	0,20	-
g)	Niedrigster DB pro Min. Bearb.-Zeit in Stelle 2	0,15	-	-
h)	Niedrigster DB pro Min. Bearb.-Zeit in Stelle 1	Produkt C = 0,10		
i)	Mindest DB/Stück aus Stelle 1	-	-	0,10 x 5 = 0,50
j)	Mindest DB/Stück aus Stelle 2	-	-	0,15 x 10 = 1,50
k)	Mindestpreis/Stück	-	-	6,- + 0,50 + 1,50 = 8,00 DM

Produkt C: wie unter 2. / Vollbeschäftigung beschrieben.

C. Übungen

I. Deckungsmengen

213

Gegeben:

Nettopreis/Erzeugniseinheit	40,- DM/E
Bruttoerfolgsspanne	50 %
Fixe Kosten	50.000,- DM/Periode
Absatz	4.000 Einheiten/Periode

1. Bestimmen Sie den Deckungsbeitrag/Erzeugniseinheit

Der Quotient aus Deckungsbeitrag/Einheit und Nettopreis/Einheit entspricht dem prozentualen Deckungsbeitrag, der auch Brutto-Erfolgsspanne genannt wird.

$$\text{Brutto - Erfolgsspanne} = \frac{DB/E}{Preis/E} \times 100$$

$$DB/E = \frac{\text{Brutto} - \text{Erfolgsspanne} \times Preis/E}{100}$$

$$= \frac{50}{100} \times 40,- DM/E = 20,- DM/E$$

2. Errechnen Sie den Gesamt-Deckungsbeitrag.

Gesamt-DB = DB/E × Menge
= 20,- DM/E × 4.000 E = 80.000,- DM

3. Ermitteln Sie den Reingewinn.

Reingewinn = Gesamt-DB - Fixkosten
= 80.000,- DM - 50.000,- DM
= 30.000,- DM

4. Errechnen Sie die Gewinnschwelle.

$$\text{Gewinnschwelle} = \frac{\text{Fixkosten}}{\text{DB}/\text{E}} = \frac{50.000,- \text{ DM}}{20,- \text{ DM}/\text{E}}$$

$$= 2.500 \text{ E}$$

5. Nennen Sie die Menge der Erzeugniseinheiten, die verkauft werden muß, wenn

* ein Reingewinn von 34.000,- DM erzielt werden soll;

Lösung:

Gewinnschwelle	= 2.500 E
Gewinn : DB/E = 34.000 : 20	= 1.700 E
	= 4.200 E

Probe:

Gesamt-DB = 4.200 E × 20,- DM/E	= 84.000,- DM
- Fixkosten	= 50.000,- DM
	= 34.000,- DM

* der Reingewinn 10 % des Erlöses betragen soll.

Lösung:

Erlös = Proportionale Kosten + Fixkosten + 10% (Erlös)
40 x = 20 x + 50.000 + 0,10 (40 x)

$$x = \frac{50.000}{16} = 3.125 \text{ E}$$

Erlös = 3.125 E × 40,- DM/E
= 125.000,- DM

Probe:

Gesamt-DB = 3.125 × 20,- DM/E	= 62.500,- DM
- Fixkosten	= 50.000,- DM
Reingewinn	= 12.500,- DM

6. Welche Menge muß abgesetzt werden, wenn eine Preissenkung von 10% auf den Nettopreis (40,- DM/E) erfolgt und der Reingewinn in der bisherigen Höhe (30.000,- DM) erwirtschaftet werden soll?

Proportionale Kosten/E	= Nettopreis/E - DB/E
	= 40,- DM/E - 20 DM/E = 20,- DM/E

Alter Preis	= 40,- DM/E
- 10%	= 4,- DM/E

Neuer Preis	= 36,- DM/E
- prop. Kosten	= 20,- DM/E

Deckungsbeitrag nach Preisänderung	= 16,- DM/E

Abzusetzende Menge	= notwendiger Gesamt-DB : DB/E
	= 80.000,- DM : 16,- DM/E
	= 5.000 E

Probe:

Gesamt-DB = 5.000 E × 16,- DM/E	= 80.000,- DM
- Fixkosten	= 50.000,- DM
Reingewinn	= 30.000,- DM

II. Periodenergebnis

Gegeben:
1. Normale Kapazitätsausnutzung
    240.000 Stck./Jahr
    20.000 Stck./Monat

2. Herstellkosten
   a) FM   = 3,-- DM/Stck.
      FL   = 2,25 DM/Stck.
      Prop. GK = 0,75 DM/Stck.

      Prop. Kosten = 6,-- DM/Stck.

   b) Fixe GK
        300.000 DM/Jahr
         25.000 DM/Monat
          1,25 DM/Stck.

3. Verw.- u. Vertr.-GK
   prop. GK   = –
   fixe GK   = 60.000 DM/Jahr
              = 5.000 DM/Monat

4.

	1. Monat	2. Monat	3. Monat	4. Monat
AB	–	–	3.000	1.000
Hergestellt	17.500	21.000	19.000	18.000
Verkauft	17.500	18.000	21.000	19.000
SB	–	3.000	1.000	–

5. Verkaufspreis = 10,- DM/Stck.

Erstellen Sie die Ergebnisrechnungen für den 1. - 4. Monat als Vollkostenrechnung und Deckungsbeitragsrechnung in tabellarischer und buchhalterischer Form.

Lösung:

1. Vollkostenrechnung

	1. Monat	2. Monat	3. Monat	4. Monat
(1) Erlös	175.000	180.000	210.000	190.000
(2) FM-Kosten	52.500	63.000	57.000	54.000
(3) FL-Kosten	39.375	47.250	42.750	40.500
(4) Prop. GK (= HK)	13.125	15.750	14.250	13.500
(5) Fixe GK (= HK)	21.875	26.250	23.750	22.500
(6) Kosten der hergestellten Erzeugnisse = (2) + (3) + (4) + (5)	126.875	152.250	137.750	130.500
(7) AB	–	–	21.750	7.250
(8) HK der zum Verkauf verfügbaren Erzeugnisse = (6) + (7)	126.875	152.250	159.500	137.750
(9) SB	–	21.750	7.250	–
(10) HK der verkauften Erzeugnisse = (8) – (9)	126.875	130.500	152.250	137.750
(11) Rohgewinn = (1) – (10)	48.125	49.500	57.750	52.250
(12) VW- und VTGK	5.000	5.000	5.000	5.000
(13) Reingewinn aus Verkauf = (11) – (12)	43.125	44.500	52.750	47.250
(14) Unter-/Überdeckung aus fixen Kosten	– 3.125	+ 1.250	– 1.250	– 2.500
(15) Periodenergebnis = (13) ± (14)	40.000	45.750	51.500	44.750

2. Deckungsbeitragsrechnung

	1. Monat	2. Monat	3. Monat	4. Monat
(1) Erlös	175.000	180.000	210.000	190.000
(2) FM-Kosten	52.500	63.000	57.000	54.000
(3) FL-Kosten	39.375	47.250	42.750	40.500
(4) Prop. GK (= HK)	13.125	15.750	14.250	13.500
(5) Prop. Kosten der hergestellten Erzeugnisse = (2) + (3) +(4)	105.000	126.000	114.000	108.000
(6) AB	–	–	18.000	6.000
(7) Prop. HK der zum Verkauf verfügbaren Erzeugnisse = (5) + (6)	105.000	126.000	132.000	114.000
(8) SB	–	18.000	6.000	–
(9) Prop. HK der verkauften Erzeugnisse = (7) – (8)	105.000	108.000	126.000	114.000
(10) Prop. VW- und VTGK	–	–	–	–
(11) Bruttogewinn = (1) – (9 + 10)	70.000	72.000	84.000	76.000
(12) Fixe Kosten	30.000	30.000	30.000	30.000
(13) Periodengewinn = (11) – (12)	40.000	42.000	54.000	46.000

3. Buchungsablauf / Dritter Monat / Vollkosten-Rechnung

Verrechnungskonten

FM	
57.000	57.000

Herstellkosten-Konto	
57.000	
42.750	
39.250	139.000 1)

Erlös-Konto	
5.000	210.000 E
3) 205.000	

FL	
42.750	42.750

MGK/FGK	
14.250	39.250
25.000	

Fabrikate-Konto	
AB 21.750	7.250 SB
1) 139.000	153.500 2)

Beriebsergebnis-Konto	
2) 153.500	205.000 3)
S 51.000	

VWGK/FGK	
5.000	5.000

1) 137.750 + 1.250 = 139.000 = Kosten der hergestellten Erzeugnisse
2) 152.250 + 1.250 = 153.500 = Kosten der verkauften Erzeugnisse

Buchungsablauf / Dritter Monat / Deckungsbeitrags-Rechnung

Verrechnungskonten

FM	
57.000	57.000

Herstellkosten-Konto	
57.000	
42.750	
14.250	114.000 1)

Erlös-Konto	
5.000	210.000
3) 205.000	

FL	
42.750	42.750

MGK/FGK	
14.250	14.250
25.000	25.000

Fabrikate-Konto	
AB 18.000	6.000 SB
1) 114.000	126.000 2)

Betriebsergebnis-Konto	
25.000	205.000 3)
2) 126.000	
S 54.000	

VWGK/VTGK	
5.000	5.000

Fünftes Kapitel: Fixkostendeckungsrechnung

	Textziffer
A. *Aufgabe*	215
B. *Gliederung der Fixkosten unter dem Gesichtspunkt der Zurechenbarkeit*	
I. Voraussetzungen	216
II. Fixkostenschichten	217
III. Durchführung	
1. Ergebnisrechnung	218
2. Kalkulation	219
IV. Vor- und Nachteile	220
C. *Weitere Gesichtspunkte zur Gliederung der Fixkosten*	
I. Liquidität	221
II. Abbaufähigkeit	222
D. *Übungen*	
I. Ergebnisrechnung	223
II. Kalkulation	224

Fünftes Kapitel

Fixkostendeckungs-Rechnung

A. Aufgabe

Häufig wird die Ansicht vertreten, daß die Fixkosten keinen festen Block bilden, sondern aus Kostenarten bestehen, die mehr oder weniger deckungsbedürftig sind.
Diese Überlegung hat zur Fixkostendeckungsrechnung geführt, die eine weitgehende Aufspaltung des Fixkostenblocks in Fixkostenschichten vorsieht.

B. Gliederung der Fixkosten unter dem Gesichtspunkt der Zurechenbarkeit

I. Voraussetzungen

An den Aufbau einer Fixkostendeckungsrechnung sollte nur in *fixkostenintensiven Betrieben* gedacht werden.
Dabei wäre vorauszusetzen, daß ein großer Teil der Kosten aus *speziellen Fixkosten* besteht.
Schließlich muß es möglich sein, für die stufenweise Verrechnung der Fixkosten *geeignete Erzeugnisgruppen*, *Kostenstellen* und *Kostenbereiche* zu bilden und für längere Zeit beizubehalten, damit die (Rest-) Deckungsbeiträge vergleichbar bleiben.

II. Fixkostenschichten

Wenn auch die Differenzierung der Fixkosten weitgehend anerkannt ist, besteht doch keine Übereinstimmung über die Zahl der zu bildenden Fixkostenschichten. Auch wenn nur im Einzelfall entschieden werden kann, darf unterstellt werden, daß eine stufenweise Fixkostenzurechnung nicht über *vier bis fünf Ebenen* hinausgehen sollte.
Man unterscheidet häufig: Erzeugnis-Fixkosten von Erzeugnisgruppen-Fixkosten, Kostenstellen-Fixkosten, Bereichs-Fixkosten und Unternehmens-Fixkosten.
Erzeugnis-Fixkosten werden durch ein bestimmten Erzeugnis verursacht. Beispiele: Kosten für Spezialwerkzeuge, Patent- und Lizenzgebühren.
Erzeugnisgruppen-Fixkosten sind nicht einem Erzeugnis, aber einer Gruppe von Erzeugnissen direkt zurechenbar. Beispiele: Kalk. Zinsen auf Anlagen, die von mehreren zusammenhängenden Produkten beansprucht werden; Forschungs- und Entwicklungskosten.
Kostenstellen-Fixkosten können nicht einem Erzeugnis oder einer Erzeugnisgruppe, wohl aber einer Stelle unmittelbar zugewiesen werden. Beispiele: Meistergehalt, Raumkosten.

Bereichs-Fixkosten lassen sich nur einem Stellenbereich direkt zurechnen. Beispiele: Gehalt des verantwortlichen Ingenieurs; Kosten der ausschließlich für den Bereich arbeitenden Reparaturabteilung.

Unternehmens-Fixkosten sind die Fixkosten der Unternehmung, die bisher nicht verteilt werden konnten. Beispiele: Kosten der Unternehmensleitung und der Betriebsüberwachung.

III. Durchführung

1. Ergebnisrechnung

218 Es soll eine Aufspaltung der Fixkosten von insgesamt 32.000,- DM in vier Fixkostenschichten erfolgen.

Bereich	I				II	Gesamt
Kostenträgergruppe	1		2		3 - 8	-
Kostenträger	A	B	C	D	E - R	-
Bruttoerlös - Vertriebseinzelkosten	22.500 900	24.000 1.200	40.000 2.400	35.600 1.800	420.500 15.600	542.600 21.900
Nettoerlös -prop. Erzeugniskosten	21.600 18.200	22.800 20.000	37.600 29.800	33.800 27.200	404.900 380.900	520.700 476.100
Deckungsbeitrag I -Erzeugnis-Fixkosten	3.400 600	2.800 600	7.800 -	6.600 1.300	24.000 7.600	44.600 10.100
Deckungsbeitrag II -Erzeugnisgruppen Fixkosten	2.800	2.200 5.000 1.500	7.800	5.300 13.100 3.200	16.400 4.400	34.500 9.100
Deckungsbeitrag III -Bereichs-Fixkosten	3.500		13.400 4.200	9.900	12.000 3.400	25.400 7.600
Deckungsbeitrag IV -Unternehmens-Fixkosten		9.200			8.600	17.800 5.200
Periodenergebnis						12.600

Fixkostendeckungsrechnung

2. Kalkulation

Das folgende Beispiel einer "Retrograden Kalkulation" soll zeigen, daß die Fixkostendeckungsrechnung auch für die Kostenträgereinheitsrechnung Bedeutung hat.
Bei der Kalkulation des Erzeugnisses B finden die vorstehenden Zahlen Verwendung, von denen angenommen wird, daß sie für 1.000 Leistungseinheiten (LE) gegeben sind.

219

Die Kalkulation wird in zwei Schritten vollzogen. Zunächst werden die Fixkosten in Prozent der Deckungsbeiträge (DB) ermittelt:

DB I	= 2.800,- DM	= 100,0 %
Erzeugnis-Fixkosten	= 600,- DM	= 21,4 %
DB II	= 5.000,- DM	= 100,0 %
Gruppen-Fixkosten	= 1.500,- DM	= 30,0%
DB III	=13.400,- DM	= 100,0 %
Bereichs-Fixkosten	= 4.200,- DM	= 31,3 %
DB IV	=17.800,- DM	= 100,0 %
Unternehmens-Fixkosten	= 5.200,- DM	= 29,2 %

Danach kann mit Hilfe der festgestellten Kalkulationssätze der Gewinn/LE errechnet werden:

Preis	24,00 DM/LE
- Proportionale Kosten (1,20 + 20,-)	21,20 DM/LE
DB I	2,80 DM/LE
Erzeugnis-Fixkosten (21,4 %)	0,60 DM/LE
DB II	2,20 DM/LE
- Erzeugnisgruppen-Fixkosten (30,0 %)	0,66 DM/LE
DB III	1,54 DM/LE
- Bereichs-Fixkosten (31,3 %)	0,48 DM/LE
DB IV	1,06 DM/LE
- Unternehmens-Fixkosten (29,2 %)	0,31 DM/LE
Gewinn	<u>0,75 DM/LE</u>

Selbstverständlich kann die Verrechnung der fixen Kosten auf die Leistungseinheit auch in Form der herkömmlichen Vollkosten-Kalkulation erfolgen. Dabei wird sich zeigen, daß das Ergebnis der herkömmlichen Rechnung von der Fixkostendeckungsrechnung abweicht.

Der Vergleich der Vollkostenrechnung mit der Fixkostendeckungsrechnung läßt den Schluß zu, daß das im Rahmen der Deckungsrechnung erzielte Ergebnis genauer ist.

IV. Vor- und Nachteile

220   Die schichtenweise Verteilung der Fixkosten soll davon Kenntnis geben, wieweit die verschiedenen Erzeugnisse an der Fixkostendeckung beteiligt sind. Es soll deutlich werden, ob die einzelnen Produkte die durch sie verursachten Fixkosten decken und in welchem Umfang die Erzeugnisse zur Deckung der allgemeinen Fixkosten des Unternehmens bzw. zur Erzielung eines Gewinnes beitragen.

Die Deckungsrechnung gibt aber nur erste Hinweise, ob ein Produkt vorübergehend oder endgültig aus dem Fertigungsprogramm gestrichen werden soll. Es bleibt u.a. zu prüfen, ob eine Erhöhung des Absatzes und/oder der Preise möglich ist und dabei eine Erhöhung des Deckungsbeitrages erreicht werden kann.

Programmentscheidungen sind mittel- oder langfristige Entscheidungen. Deshalb ist es überflüssig, die Deckungsrechnung monatlich durchzuführen. Es reicht sicher aus, wenn die Rechnung als Ergänzung zur jährlichen Erfolgsanalyse vorgenommen wird.

Als wesentlicher Nachteil ist anzusehen, daß die Rückbeziehung der von ganzen Erzeugnisgruppen, dem Gesamtunternehmen usw. zu tragenden Fixkosten auf das einzelne Erzeugnis nicht zu Kalkulationssätzen führt, die eine vollkommen verursachungsgerechte Kostenermittlung ermöglicht. Damit läßt sich feststellen, daß das Problem der richtigen Zurechnung der fixen Kosten auf einzelne Erzeugnisse auch mit Hilfe der Fixkostendeckungsrechnung nicht vollständig lösbar ist.

C. Weitere Gesichtspunkte zur Gliederung der Fixkosten

I. Liquidität

Möglich ist eine Differenzierung der Fixkosten unter Liquiditätsgesichtspunkten. 221
Eine solche Differenzierung folgt dem Prinzip der Zahlungsfähigkeit und berücksichtigt daher, daß nur ein Teil der fixen Kosten ausgabewirksam (B.: Gehälter des Wachpersonals), ein anderer Teil dagegen nicht ausgabewirksam (B.: kalk. Zins) ist.

Dabei müßte die Deckung der Fixkosten in folgender Form erfolgen:

> Erzeugnis-Deckungsbeitrag
> - ausgabewirksame Fixkosten
> ---
> Rest-Deckungsbeitrag
> - nicht ausgabewirksame Fixkosten
> ---
> NETTO-ERFOLG

II. Abbaufähigkeit

Sinnvoll ist eine Differenzierung der Fixkosten auch unter dem Gesichtspunkt der 222
Abbaufähigkeit.
Dabei müßte Beachtung finden, daß bestimmte fixe Kosten relativ kurzfristig (B.: Versicherungsprämien), andere Kosten erst bei Betriebsaufgabe (B.: Kosten der Unternehmensleitung) entfallen.

D. Übungen

I. Ergebnisrechnung

Gegeben:

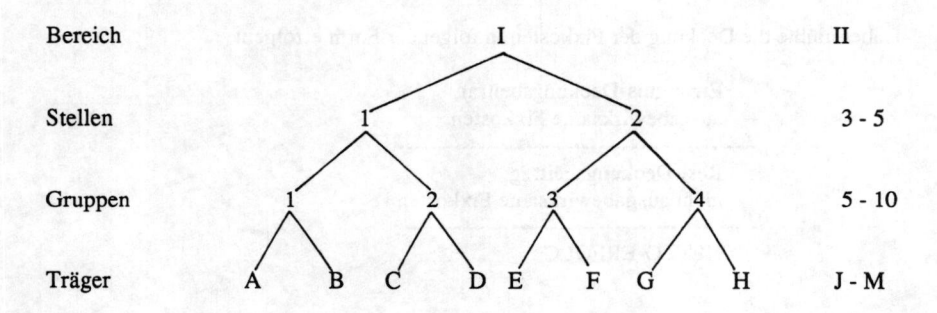

Bereich				I				II
Stellen		1				2		3 - 5
Gruppen	1		2		3		4	5 - 10
Träger	A B		C D		E F		G H	J - M

DB I		Erzeugnis-Kf		Erzeugnisgruppen-Kf		Stellen-Kf	
A	7.500	A	2.100	Gr. 1	7.600	St. 1	2.500
B	7.200	B	1.800	2	8.100	2	1.200
C	5.400	C	900	3	6.700	3-5	3.500
D	9.100	D	1.700	4	2.300		
E	6.400	E	1.000	5-10	5.100		
F	5.600	F	700				
G	2.500	H	600	Bereichs-Kf		Untern.-Kf	
H	3.200	J-M	7.200	I	3.600	3.800	
J-M	25.600			II	2.900		

Fixkostendeckungs-Rechnung

Lösung:

Bereich	I								II	Gesamt
Kostenstellen	1				2				3-5	-
Kostengruppen	1		2		3		2	4	5-10	-
Kostenträger	A	B	C	D	E	F	G	H	J-M	-
Deckungsbeitrag I - Erzeugnisfixkosten	7.500 2.100	7.200 1.800	5.400 900	9.100 1.700	6.400 1.000	5.600 700	2.500 -	3.200 600	25.600 7.200	72.500 16.000
Deckungsbeitrag II - Erzeugnisgruppenfixkosten	5.400 7.600	5.400	4.500 8.100	7.400	5.400 6.700	4.900	2.500 2.300	2.600	18.400 5.100	56.500 29.800
Deckungsbeitrag III - Kostenstellenfixkosten	3.200	7.000 2.500	3.800		3.600		2.800		13.300 3.500	26.700 7.200
Deckungsbeitrag IV - Bereichsfixkosten	4.500				9.700 3.600		5.200		9.800 2.900	19.500 6.500
Deckungsbeitrag V - Unternehmensfixkosten					6.100				6.900	13.000 3.800
Periodenergebnis										9.200

II. Kalkulation

224 Im Anschluß an die vorstehende Ergebnisrechnung ist für das Erzeugnis F eine "Retrograde Kalkulation" durchzuführen.

Die in der ersten Übung genannten Zahlen sollen für 1000 LE gegeben sein.
Lösung:

DB I	= 5.600 DM	= 100,0 %
Erzeugnis-Kf	= 700 DM	= 12,5 %
DB II	= 10.300 DM	= 100,0 %
Gruppen-Kf	= 6.700 DM	= 65,0 %
DB III	= 6.400 DM	= 100,0 %
Stellen-Kf	= 1.200 DM	= 18,8 %
DB IV	= 9.700 DM	= 100 %
Bereichs-Kf	= 3.600 DM	= 37,1 %
DB V	=13.000 DM	= 100,0 %
Unternehmens-Kf	= 3.800 DM	= 29,2 %

DB I	5,60 DM/LE
- Erzeugnis-Kf (12,5%)	0,70 DM/LE
DB II	4,90 DM/LE
- Gruppen-Kf (65%)	3,19 DM/LE
DB III	1,71 DM/LE
- Stellen-Kf (18,8%)	0,32 DM/LE
DB IV	1,39 DM/LE
- Bereichs-Kf (37,1%)	0,52 DM/LE
DB V	0,87 DM/LE
- Unternehmens-Kf (29,2%)	0,25 DM/LE
GEWINN	<u>0,62 DM/LE</u>

Sechstes Kapitel: **Errechnung der Selbstkosten mit mehreren Kalkulationsmethoden**

	Textziffer
A. *Material-Gemeinkosten*	225
B. *Verwaltungs-Gemeinkosten und Fertigungs-Gemeinkosten (Montage)*	226
C. *Fertigungs-Gemeinkosten der Meisterschaften*	227
D. *Vertriebs-Gemeinkosten*	228
E. *Kalkulation*	229
F. *Übung*	230

Sechstes Kapitel

Errechnung der Selbstkosten mit Hilfe mehrerer Kalkulationsmethoden

A. Material-Gemeinkosten

Die *Äquivalenzziffern-Rechnung* stellt eine verfeinerte Form der Divisionkalkulation dar. Sie wird gewählt, wenn der Betrieb Produkte herstellt, die zwar nicht einheitlich sind, aber doch in einem festen Kostenverhältnis zueinander stehen, das durch Ziffern zum Ausdruck gebracht werden kann.

Eine Äquivalenzziffern-Rechnung kann somit erfolgen, wenn die *Herstellung der Erzeugnisse auf gleicher Rohstoffgrundlage und gleichem bzw. ähnlichem Fertigungsprozeß* beruht. Die Durchführung der Rechnung ist also möglich, wenn die verschiedenen Erzeugnisse untereinander verwandt sind.

Jede Sorte bekommt eine *Äquivalenzziffer* zugeordnet. Dabei erhält die Bezugssorte die Ziffer 1.

Nunmehr werden *Verrechnungszahlen* als *rechnerische Erzeugungsmengen* ermittelt, indem man die tatsächlichen Produktionsmengen mit den zugehörigen Verhältniszahlen multipliziert. Anschließend ist die Kostensumme durch die Summe der Verrechnungszahlen zu dividieren. Wir erhalten die *Kosten einer Einheit der Bezugssorte*.

Danach erfolgt eine Multiplikation der Kosten/Einheit der Bezugssorte mit den Ziffern der anderen Sorten. Das Ergebnis entspricht den *Einheitskosten* der übrigen Erzeugnisarten. Die *Gesamtkosten* der verschiedenen Produkte ergeben sich, wenn wir deren Einheitskosten mit den tatsächlichen Mengen multiplizieren bzw. durch Multiplikation der Einheitskosten der Bezugssorte mit der jeweiligen rechnerischen Stückzahl.

Erzeugnis	Stückzahl	Ziffer	Verrechnungszahl	Kosten/LE	Gesamtkosten
A	1.200	1,2	1.440 Stck.	8,40 DM	10.080,- DM
B	3.000	1,0	3.000 Stck.	7,00 DM	21.000,- DM
C	800	1,4	1.120 Stck.	9,80 DM	7.840,- DM
-	-	-	5.560 Stck.	-	38.920,- DM

B. Verwaltungs-Gemeinkosten und Fertigungs-Gemeinkosten (Montage)

226 Im Rahmen der *Zuschlagskalkulation* kann die Gemeinkostenverteilung durch summarische oder differenzierende Zurechnung auf die Kostenträger erfolgen.

Meist werden die Gemeinkosten im Rahmen der Stellenrechnung (Betriebsabrechnungsbogen I) auf die Orte der Kostenentstehung verteilt. Dabei empfiehlt sich aus der Sicht des Rechnungswesens, von einer *weitgehenden Stellengliederung* auszugehen, da man so häufig *direkt* auf die Kostenstellen *verrechenbare Gemeinkosten* erhält und damit die schlüsselmäßige Verteilung von Gemeinkosten auf Stellen weitgehend vermeiden kann.

Den auf den einzelnen Kostenstellen gesammelten Gemeinkosten werden *Zuschlagsbasen* gegenübergestellt. Daraus resultieren die *Zuschlagssätze*:

Verwaltungs-Gemeinkosten	= 12.000,- DM/Monat
Basis = HK	= 120.000,- DM/Monat
Zuschlagssatz	= *10 %*
Fertigungs-Gemeinkosten	
(Montage-Abteilung)	= 90.000,- DM/Monat
Basis	= 9.000 FStd./Monat
Zuschlagssatz	= *10,- DM/FStd.*
Dauer der Montage je Einheit A	= 4 FStd.

C. Fertigungs-Gemeinkosten der Meisterschaften

Im Beispiel betragen die Maschinenstundensätze: 227

Maschine X = 56,54 DM/MStd. - Einsatzzeit = 3 Std. je Einheit A
Maschine Y = 16,00 DM/MStd. - Einsatzzeit = 5 Std. je Einheit A

Die Zuschlagssätze zur Kalkulation der Rest-FGK/LE ergeben sich mit:

Meisterschaft 1

    (Einsatz der Maschine X.)
    Rest-FGK   = 12.000,- DM/Monat
    Basis = FL   = 24.000,- DM/Monat
    Satz   = 50 %

Meisterschaft 2

    (Einsatz der Maschine Y.)
    Rest-FGK   = 9.000,- DM/Monat
    Basis   = 3.000,- MStd./Monat
    Satz   =   3,- DM/MStd.

D. Vertriebs-Gemeinkosten

228 In Mehrproduktbetrieben nehmen die einzelnen Erzeugnisse (Erzeugnisgruppen) die verschiedenen Stellen i.d.R. nicht in gleichem Maße in Anspruch. Die in der Selbstkostenrechnung erzielten Ergebnisse werden folglich meist ungenau sein, wenn für alle Kostenträger ein einheitlicher Zuschlagssatz zum Ansatz kommt. Um diesen Nachteil zu vermeiden, findet bei den Kostenarten eine *gesonderte Erfassung und Verrechnung der Gemeinkosten* statt, *die von einzelnen Erzeugnissen* (Gruppen) *in unterschiedlicher Höhe verursacht werden*. Wir ermitteln somit neben dem Stellenzuschlag verschiedene Erzeugnis-(Gruppen-)Zuschläge. Danach kann der Stellenzuschlag mit den Erzeugnis-(Gruppen-)Zuschlägen *zu individuellen Zuschlagssätzen vereinigt* werden.

	Stelle	Erzeugnis A	B	C
Werbungskosten	-	1.800,-	800,-	800,-
Sonstige VtGk	9.600,-	-	-	-
Basis = HK	120.000,-	-	-	-
davon	-	60.000,-	40.000,-	20.000,-
Zuschlagssatz	8 %	-	-	-
Zuschlagssatz	-	3 %	2 %	4 %
Individueller Zuschlagssatz		11 %		

Im vorstehenden Beispiel wurden die für den Vorgang "Werbung" entstandenen Kosten zusammengefaßt und danach Kostensätze getrennt nach den Erzeugnissen A/B/C ermittelt.

Damit fand eine Prozeßkostenrechnung Anwendung, die – im Vergleich zur herkömmlichen Zuschlagskalkulation – zu einer verursachungsgerechteren Zurechnung von Gemeinkosten auf Kostenträger führt.

E. Kalkulation / Erzeugnis A

Die Einzelkosten werden als bekannt vorausgesetzt.   229

```
FM                90,- DM/LE
MGK                8,40 DM/LE
```

```
Meisterschaft 1
FL                40,- DM/LE
maK / X          169,62 DM/LE        (3 × 56,54 DM/MStd.)
R-FGK             20,- DM/LE         (50 % v. 40,-)
```

```
Meisterschaft 2
FL               120,- DM/LE
maK / Y           80,- DM/LE         (5 × 16,- DM/MStd.)
R-FGK             15,- DM/LE         (5 ×  3,- DM/MStd.)
```

```
Montage
FL                48,- DM/LE
FGK               40,- DM/LE         (4 × 10,- DM/FStd.)
```

```
HK               631,02 DM/LE
VwGK              63,10 DM/LE        (10 % d. HK)
VtGK              69,41 DM/LE        (11 % d. HK)
```

```
SK               763,53 DM/LE
```

Bei der Errechnung der Selbstkosten einer Leistungseinheit A haben *vier Verfahren* Berücksichtigung gefunden. Welche Methoden im konkreten Einzelfall Anwendung finden sollen, ist unter den jeweiligen betrieblichen Verhältnissen zu entscheiden. Danach werden *i.d.R. kaum mehr als zwei Kalkulationsarten* - z.B. herkömmliche Zuschlagskalkulation und Maschinenstundensatz-Rechnung - herangezogen.

F. Übung

230 Ermitteln Sie die Selbstkosten für eine Leistungseinheit (LE) der Erzeugnisart A.

Dabei sollen
- die Material-Gemeinkosten mit Hilfe der Äquivalenzziffern-Rechnung,
- die Verwaltungs-Gemeinkosten und die Fertigungs-Gemeinkosten der nicht maschinenintensiven Kostenstelle "Montage" in Form der herkömmlichen Zuschlagskalkulation,
- die Fertigungs-Gemeinkosten der Meisterschaften unter Anwendung der Maschinenstundensatz-Rechnung sowie
- die Vertriebs-Gemeinkosten als Gruppen-Gemeinkosten

kalkuliert werden.

Gegeben:

1. Einzelkosten
   a) Fertigungsmaterialkosten (FM) = 180,– DM/LE

   b) Fertigungslohnkosten (FL)
   Meisterschaft 1 = 60,– DM/LE
   Meisterschaft 2 = 30,– DM/LE
   Montage-Abteilung = 50,– DM/LE

2. Gemeinkosten
   a) Material-Gemeinkosten (MGK) = 800,– DM/Monat

Erzeugnis	Stückzahl	Äquivalenzziffer (ÄZ)
A	30	1,2
B	20	0,8
C	40	1,0

   b) Verwaltungs-Gemeinkosten (VwGK) = 7.425,–DM/Monat
   Zuschlagsbasis
   = Herstellkosten = 67.500,– DM/Monat

   c) Fertigungs-Gemeinkosten

	Maschine	Einsatzbereit	MStd.-Satz
Meisterschaft 1	X	4 MStd.	12,– DM/MStd.
Meisterschaft 2	Y	6 MStd.	9,– DM/MStd.

	Rest-FGK	Zuschlagsbasis
Meisterschaft 1	6.000 DM/Monat	12.000 DM FL/Monat
Meisterschaft 2	5.000 DM/Monat	2.500 MStd./Monat

Montage-Abteilung:	Zeit	=	8 FStd./LE
	FGK	=	20.000,– DM/Monat
	Basis	=	5.000 FStd./Monat

d) Vertriebs-Gemeinkosten

Stelle		A	B	C
VtGK	6.750,–	–	–	–
VtGK	–	750,–	300,–	800,–
HK	67.500,–	–	–	–
davon	–	37.500,–	10.000,–	20.000,–

(Alle Angaben in DM/Monat)

Lösung:

1) MGK

Sorte	tatsächliche Stückzahl	ÄZ	Verrechnungs-zahl	Einheits-kosten	Gesamt-kosten
A	30	1,2	36	10,44	313,–
B	20	0,8	16	6,96	139,–
C	40	1,0	40	8,70	348,–
–	–	–	92	–	800,–

2) Zuschlagssatz: Verwaltungsgemeinkosten (VwGK)

$$\text{VwGK} = \frac{7.425 \times 100}{67.500} = 11\%$$

3) Zuschlagssätze: Fertigungsgemeinkosten (FGK)

$$\text{Meisterschaft 1} = \frac{6.000,- \text{ DM}}{12.000,- \text{ DM FL}} \times 100 = 50\% \text{ (Basis FL)}$$

$$\text{Meisterschaft 2} = \frac{5.000,- \text{ DM}}{2.500 \text{ Mstd.}} = 2,- \text{ DM/Mstd.}$$

$$\text{Montage} = \frac{20.000,- \text{DM}}{5.000,- \text{FStd.}} = 4,- \text{DM/FStd.}$$

4) *Zuschlagssätze: Vertriebsgemeinkosten (VtGK)*

	Stelle	Gruppe A	Gruppe B	Gruppe C
GK	6.750	750	300	800
HK	67.500	37.500	10.000	20.000
GK-Satz	10 %	–	–	–
GK-Satz	–	2 %	3 %	4 %
Indiv. Zuschl.-Sätze	–	12 %	13 %	14 %
Globaler Satz[1]	–	12,7 %	12,7 %	12,7 %
Absoluter Fehler	–	+ 0,7 %	– 0,3 %	– 1,3 %
relativer Fehler =	–			
Genauigkeitsgrad		5,51 %[2]	2,36 %	10,24 %

[1] 67.500 = 100 %; 8.600 = 12,7 %   [2] 12,7 = 100 %; 0,7 = 5,51 %

5) Kalkulation

FM	180,–	DM/LE
+ MGK	10,44	DM/LE
Meisterschaft 1:		
+ FL	60,–	DM/LE
+ m.a.K.	48,–	DM/LE (4 × 12,–)
+ Rest-FGK	30,–	DM/LE (50% vom FL)
Meisterschaft 2:		
+ FL	30,–	DM/LE
+ m.a.K.	54,–	DM/LE (6 × 9,–)
+ Rest-FGK	12,–	DM/LE (6 × 2,–)
Montage:		
+ FL	50.–	DM/LE
+ FGK	32,–	DM/LE (8 × 4,–)
= Herstellkosten	506,44	DM/LE
+ VwGK	55,71	DM/LE (11% von HK)
+ VtGK	60,77	DM/LE (12% von HK)
= Selbstkosten	622,92	DM/LE

Siebtes Kapitel: Möglichkeiten der Verrechnung von Innenleistungen

	Textziffer
A. *Leistungen*	231
B. *Notwendigkeit der Kostenerfassung*	232
C. *Methoden der Kostenverrechnung*	
I. Übersicht	233
II. Nullmethode (Methode 1)	
1. Wesen	234
2. Verrechnung	235
III. Stellenumlegung (Methode 2)	
1. Wesen	236
2. Verrechnung	237
IV. Einzelkostenmethode (Methode 3)	
1. Wesen	238
2. Verrechnung	239
V. Einzelkostenmethode in Verbindung mit der Stellenumlegung (Methode 4)	
1. Wesen	240
2. Verrechnung	241
3. Vergleich mit Methode 2	242
VI. Stellenausgleich (Methode 5)	
1. Wesen	243
2. Verrechnung	244
VII. Kostenträgermethode (Methode 6)	
1. Wesen	245
2. Verrechnung	246
D. *Beurteilung der Methoden*	247
E. *Übung*	248

Siebtes Kapitel

Möglichkeiten der Verrechnung von Innenleistungen

A. Leistungen

Unter innerbetrieblichen Leistungen werden eigenverbrauchte Leistungen des Betriebes verstanden.

Innenleistungen sind für den Betrieb selbst bestimmt und werden deshalb nicht abgesetzt.

Den innerbetrieblichen Leistungen stehen Fremdleistungen, Kundenleistungen und Lagerleistungen gegenüber.

Fremdleistungen unterscheiden sich von Innenleistungen dadurch, daß sie von außen bezogen, also vom Betrieb nicht selbst erzeugt werden. Kunden- und Lagerleistungen erstellt der Betrieb wohl selbst, gibt sie aber zum Verbrauch an den Markt ab.

Innerbetriebliche Leistungen können auftreten z.B. als selbsterstellte Anlagen (Gebäude, Maschinen, Werkzeuge, Modelle usw.), Selbsterzeugung von Strom, Gas, Wasser usw., und in Form von Dienstleistungen (Reparaturen, Transportleistungen usw.).

Innerbetriebliche Leistungen können auch in aktivierbare und nichtaktivierbare Leistungen unterschieden werden. Alle Innenleistungen, deren Nutzen sich über mehrere Rechnungsperioden erstreckt, werden grundsätzlich aktiviert.

B. Notwendigkeit der Kostenerfassung

Nur wenn die Erfassung der Kosten innerbetrieblicher Leistungen erfolgt,

- ist eine Kostenverrechnung auf die Kostenträger entsprechend der Kostenverursachung möglich;
- kann eine Überwachung der Wirtschaftlichkeit der Betriebsgebarung vorgenommen werden;
- kann der Entscheid zwischen der Selbsterzeugung und dem Fremdbezug eines Produktes erfolgen.

C. Methoden der Kostenverrechnung

I. Übersicht

1. Methoden

233 Bei Anwendung der *Nullmethode* werden die Kosten der innerbetrieblichen Leistungen nicht gesondert erfaßt, sondern gehen in den Gemeinkosten der leistenden Stellen unter.

Abhängig davon, ob nur Einzelkosten (Fertigungsmaterialkosten, Fertigungslohnkosten) oder Vollkosten (Einzelkosten und Gemeinkosten) der innerbetrieblichen Leistungen erfaßt werden, wird zwischen der *Einzelkostenmethode* und Vollkostenmethode unterschieden. Die Vollkostenmethode ist dabei in zwei Formen durchführbar, und zwar als *Stellenausgleich* und als *Kostenträgerrechnung*.

Hilfsstellen, die gleichartige Massenleistungen erbringen, können die entstandenen Kosten auf dem Wege der *Stellenumlegung* an Hauptstellen weitergeben. Schließlich kann die Einzelkostenmethode mit der Methode der Stellenumlegung kombiniert werden.

2. Erfolgte Innenleistungen (Beispiel)

Leistungsart	Leistende Stelle	Kosten der leistenden Stelle	Kosten der empfangenden Stelle I	II
Reparaturen	Hilfskostenstelle "Reparatur-Werkstatt"	FM 100 FL 200	40 90	60 110
Modelle	Hauptkostenstelle "Fert.-Stelle III"	FM 80 FL 120	30 40	50 80

FM = Fertigungsmaterialkosten
FL = Fertigungslohnkosten

Zu den leistenden Stellen gehört auch der Materialbereich, in dem die Materialgemeinkosten der Innenleistungen entstanden sind.

Während die Hilfskostenstelle "Reparaturwerkstatt" nur Innenleistungen erbringt, werden von der Hauptkostenstelle "Fertigungsstelle III" innerbetriebliche Leistungen *und* Lager-/Kundenleistungen erstellt.

Die Fertigungsstellen I und II empfangen die Innenleistungen. Diese Stellen sind als Hauptkostenstellen ausgewiesen.

Die in der Tabelle genannten Einzelkosten finden in allen Beispielen (1-6) Berücksichtigung. Damit wird ein Vergleich der zu beschreibenden Methoden der Kostenverrechnung möglich.

II. Nullmethode (Methode 1)

1. Wesen

Die Nullmethode sieht keine gesonderte Erfassung und Verrechnung der Kosten innerbetrieblicher Leistungen vor. Die Nichterfassung führt zum Niederschlag aller Kosten der Innenleistungen in den Gemeinkosten der leistenden Stellen.

234

Bei Anwendung der Nullmethode sind somit die Fertigungslohnkosten (FL), Fertigungsmaterialkosten (FM) und Fertigungsgemeinkosten (FGK) der innerbetrieblichen Leistungen in den Gemeinkosten der Fertigungsstelle III und der Reparaturwerkstatt enthalten: Die FL unter Hilfslöhne, die FM unter Hilfsmaterial und die FGK unter Sonstige Gemeinkosten.

Die Materialgemeinkosten der innerbetrieblichen Leistungen befinden sich unter den Gemeinkosten des Materialbereichs, da bei der Nullmethode von jeder Verrechnung zwischen den Stellen abgesehen wird.

2. Verrechnung

Die bei der Nullmethode auftretenden Kostenverzerrungen werden besonders deutlich bei einem Vergleich der effektiven Zuschlagssätze mit den normalen (= durchschnittlichen) Sätzen. Während sich die effektiven Sätze aus Beispiel 1 ergeben, werden die normalen Zuschlagssätze unter Anwendung der Vollkostenmethode bestimmt (siehe Beispiele 5 + 6).

235

Der Vergleich zeigt, daß bei der Reparaturwerkstatt und bei Fertigungsstelle III der effektive Zuschlagssatz über dem Normalzuschlagssatz liegt und die effektiven Sätze der empfangenden Stellen I und II die Normalzuschlagssätze dieser Stellen wesentlich unterschreiten.

Das bedeutet, daß bei Anwendung der Nullmethode die Zuschlagssätze der leistenden Stellen zu hoch und die Sätze der empfangenden Stellen zu niedrig ausgewiesen werden. Die Kalkulation der die leistenden und empfangenden Hauptkostenstellen durchlaufenden Kostenträger kann damit nicht dem Prinzip der Kostenverursachung entsprechend erfolgen!

Außerdem zeigt Beispiel 1, daß die auf den Hilfskostenstellen angesammelten Kosten der innerbetrieblichen Leistungen nicht an die Hauptkostenstellen weitergegeben werden und damit bei der Kalkulation der zum Absatz bestimmten Erzeugnisse überhaupt keine Berücksichtigung finden.

Beispiel 1: Nullmethode - BAB I

	Zahlen der Buchhaltung	Fertigungs-Bereich			Reparatur-Werkstatt	Material-Bereich	Verw.- und Vertr.-Bereich
		I	II	III			
Hilfslöhne	2.000	800	300	400	200	100	200
Hilfs-material	1.200	500	350	200	100	-	50
Sonst. GK	2.800	900	400	650	600	200	50
Summe I	6.000	2.200	1.050	1.250	900	300	300
Zuschlags-basis	-	FL* 700	FL* 300	FL* 600	FL (200)	FM* 3.200	
Zuschlagssatz effektiv	-	314 %	350 %	208 %	(450 %)	9,4 %	
normal	-	400 %	600 %	150 %	(300 %)	10 %	

* FL/FM ♦ nur soweit für Kundenaufträge entstanden.

III. Stellenumlegung (Methode 2)

1. Wesen

236 Nach der Methode der Stellenumlegung können die Kosten einer Hilfskostenstelle auf die die Innenleistungen empfangenden Hauptkostenstellen verrechnet werden.
Für die Umlegung, d.h. für die Kostenverteilung, muß ein zweckentsprechender Schlüssel gefunden werden. Der Verteilungsschlüssel muß dem Grundsatz der Proportionalität genügen, d.h. zwischen dem Schlüssel und den zu verteilenden Kosten muß ein proportionales Abhängigkeitsverhältnis bestehen.
Im folgenden Beispiel 2 werden die Kosten der Reparaturwerkstatt auf die die Innenleistungen empfangenden Fertigungsstellen umgelegt, wobei die bei Durchführung der Reparaturen angefallenen Fertigungslöhne Verteilungsschlüssel sein sollen.

Die Fertigungslohnkosten der Reparaturwerkstatt sind mit 200 bekannt. Da diese Kosten sich anhand der Einzelkostenbelege mit 90 (= 45 %) auf die Stelle I und mit 110 (= 55%) auf die Stelle II verteilen lassen, werden die im Betriebsabrechnungsbogen (BAB I) angeführten Kosten der Reparaturwerkstatt von 900 im Verhältnis 45:55 auf die Stellen I und II umgelegt.

Nicht verrechnet werden bei Anwendung der Methode der Stellenumlegung die Kosten der von Stelle III erbrachten Innenleistungen und die Materialgemeinkosten aller innerbetrieblichen Leistungen.

2. Verrechnung

Beispiel 2 zeigt, daß sich in den empfangenden Stellen die effektiven Zuschlagssätze den normalen Sätzen angenähert haben. Es bleiben jedoch noch beträchtliche Abweichungen bestehen, die beweisen, daß die Methode der Stellenumlegung nicht allen Wünschen auf eine genaue Kostenzurechnung gerecht wird.

237

Beispiel 2: Stellenumlegung

Kostenarten	Zahlen der Buchhaltung	Fertigungs-Bereich			Reparatur-Werkstatt	Material-Bereich	Verw.- und Vertr.-Bereich
		I	II	III			
Summe I	6.000	2.200	1.050	1.250	900	300	300
Umlegung der Reparaturkosten	-	+405	+495	-	./. 900	-	-
Summe II	6.000	2.605	1.545	1.250	-	300	300
Basis	-	700	300	600	-	3.200	
Zuschlagssätze effektiv	-	372 %	515 %	208 %	-	9,4 %	
normal	-	400 %	600 %	150 %	-	10 %	

IV. Einzelkostenmethode (Methode 3)

1. Wesen

Bei dieser Methode werden die Einzelkosten der von der Reparaturwerkstatt und der Fertigungsstelle III erbrachten Innenleistungen, also Fertigungslohnkosten und Fertigungsmaterialkosten, anhand der Einzelkostenbelege *sofort* den empfangenden Stellen *als* Gemeinkosten belastet. Die Einzelkosten kommen mit den leistenden Stellen somit nicht in Berührung.

238

Die FGK der innerbetrieblichen Leistungen, die unter "Sonstige Gemeinkosten" der leistenden Stellen III und Reparaturwerkstatt ausgewiesen sind, sowie die Materialgemeinkosten (MGK) der Innenleistungen werden nicht verrechnet.

Gegenüber Beispiel 1 werden demnach auf den empfangenden Stellen I und II die Hilfslöhne und das Hilfsmaterial um die Einzelkosten der innerbetrieblichen Leistungen erhöht. Um dieselben Beträge müssen folglich die gleichen Positionen bei der leistenden Stelle III und der Reparaturwerkstatt niedriger zum Ausweis gelangen.

2. Verrechnung

239 Der Vergleich der effektiven Zuschlagssätze mit den normalen Sätzen läßt erkennen, daß das anhand der Einzelkostenmethode erzielte Ergebnis nicht befriedigen kann, wenn auch Verbesserungen gegenüber Beispiel 1 zu beobachten sind.

Beispiel 3: Einzelkostenmethode - BAB I

	Zahlen der Buchhaltung	Fertigungs-Bereich			Reparatur-Werkstatt	Material-Bereich	Verw.- und Vertr.-Bereich
		I	II	III			
Hilfslöhne	2.000	800 90(1) 40(2)	300 110(1) 80(2)	280	-	100	200
Hilfsmaterial	1.200	500 40(1) 30(2)	350 60(1) 50(2)	120	-	-	50
Sonst. GK	2.800	900	400	650	600	200	50
Summe	6.000	2.400	1.350	1.050	600	300	300
Basis	-	700	300	600		3.200	
Zuschlagssätze effektiv	-	343 %	450 %	175 %		9,4 %	
normal	-	400 %	600 %	150 %		10 %	

(1) = Reparaturwerkstatt
(2) = Fertigungsstelle III

V. Einzelkostenmethode in Verbindung mit der Stellenumlegung (Methode 4)

1. Wesen

240 Die in Beispiel 3 vorgenommene Rechnung könnte nur dann als abgeschlossen angesehen werden, wenn die Reparaturwerkstatt auch Kunden-/Lagerleistungen erbringen würde und damit in die Lage versetzt wäre, die auf der Stelle noch vorhandenen FGK der Innenleistungen auf die Kunden-/Lagerleistungen zu verrechnen. Weil die Reparaturwerkstatt eine Hilfskostenstelle ist, muß der Betrieb an die Einzelkostenverrechnung (Einzelkostenmethode) eine Stellenumlegung anschließen.
Die Stellenumlegung soll wie in Beispiel 2 unter Verwendung der Reparaturlöhne als Verteilungsschlüssel erfolgen.
Die FGK der innerbetrieblichen Leistungen, die unter "Sonstige Gemeinkosten" der leistenden Stelle III ausgewiesen sind, sowie die Materialgemeinkosten (MGK) der Innenleistungen werden auch jetzt nicht verrechnet.

2. Verrechnung

Beispiel 4: Einzelkostenmethode in Verbindung mit der Stellenumlegung

241

	Zahlen der Buchhaltung	Fertigungs-Bereich			Reparatur-Werkstatt	Material-Bereich	Verw.- und Vertr.-Bereich
		I	II	III			
Summe I	6.000	2.400	1.350	1.050	600	300	300
Umlegung der Reparaturkosten	-	+ 270	+ 330	-	./. 600	-	-
Summe II	6.000	2.670	1.680	1.050	-	300	300
Basis	-	700	300	600	-	3.200	
Zuschlagssätze effektiv	-	381 %	560 %	175 %	-	9,4 %	
normal	-	400 %	600 %	150 %	-	10 %	

3. Vergleich mit Methode 2

a) Die Kosten der innerbetrieblichen Leistungen der Reparaturwerkstatt (ohne MGK) wurden in Beispiel 2 auf dem Wege der Stellenumlegung den empfangenden Stellen I bzw. II mit 405 bzw. 495 belastet.

242

b) In Beispiel 4 wurden die Einzelkosten der innerbetrieblichen Leistungen der Reparaturwerkstatt nach der Einzelkostenmethode auf Stelle I mit 130 (90 + 40) und auf Stelle II mit 170 (110 + 60) verrechnet.

Durch die anschließende Umlegung der Fertigungsgemeinkosten der Innenleistungen der Reparaturwerkstatt wurde Stelle I mit 270 und Stelle II mit 330 belastet.

Insgesamt hatte somit die empfangende Stelle I die Kosten der innerbetrieblichen Leistungen der Reparaturwerkstatt mit 400 (130 + 270) und die Stelle II die Kosten der Innenleistungen der Reparaturwerkstatt mit 500 (170 + 330) zu tragen.

c) Obwohl sowohl nach Beispiel 2 wie nach Beispiel 4 die Kosten der innerbetrieblichen Leistungen der Reparaturwerkstatt (ohne MGK) von den Stellen I und II voll übernommen wurden, ist

> Stelle I
> nach Beispiel 2 mit 405,
> nach Beispiel 4 mit 400,
>
> Stelle II
> nach Beispiel 2 mit 495,
> nach Beispiel 4 mit 500

belastet worden. Dabei beträgt die Belastung der Stellen I und II nach Beispiel 2 und nach Beispiel 4 jeweils insgesamt 900.

Die Differenzen mußten auftreten, weil die für die Umlegung als Verteilungsschlüssel gewählten Reparaturlöhne sich nicht als vollkommen proportional zu den Kosten der Reparaturen erwiesen haben.

VI. Stellenausgleich (Methode 5)

1. Wesen

243 a) Im Rahmen des Stellenausgleichs wird die Einzelkostenmethode fortgeführt. Auch hier werden die Einzelkosten der innerbetrieblichen Leistungen *sofort* als Gemeinkosten den empfangenden Stellen zugeleitet. Anschließend werden anhand der Einzelkostenbelege und mit Hilfe der normalen Gemeinkostenzuschlagssätze der leistenden Stellen die (Fertigungs- und Material-)Gemeinkosten der Innenleistungen errechnet und an die empfangenden Stellen weitergegeben. Das bedeutet, daß die Gemeinkosten der innerbetrieblichen Leistungen von den leistenden Stellen ab- und den empfangenden Stellen zugeschrieben werden müssen. Es ist deshalb erforderlich, den Betriebsabrechnungsbogen um sog. Stellenausgleichszeilen zu ergänzen.

b) Bei der Errechnung der für den Ausgleich benötigten normalen Zuschlagssätze muß die Zuschlagsbasis der leistenden Stellen "Fertigungsstelle III" und "Materialbereich" bekannt sein. Da die innerbetrieblichen Leistungen nach Vollkosten abgerechnet werden, bezieht man die Einzelkosten der Innenleistungen in die Zuschlagsbasis der leistenden Stellen ein. Dieser Zuschlagsbasis wäre dann die Summe vor Stellenausgleich gegenüberzustellen.

2. Verrechnung

Beispiel 5: Stellenausgleich

BAB - bis Summe I wie Beispiel 3 = Einzelkostenmethode

Kostenarten	Zahlen der Buchhaltung	Fertigungs-Bereich			Reparatur-Werkstatt	Material-Bereich	Verw.- und Vertr.-Bereich
		I	II	III			
Summe I	6.000	2.400	1.350	1.050 ⌐	600 ⌐	300 ⌐	300
Ausgleich: Belastung	-	+ 3 + 4 +270 + 60	+ 5 + 6 +330 +120				
Gutschrift	-	-	-	./.180	./.600	./. 8 ./.10	
Summe II	6.000	2.737 ⌐	1.811 ⌐	870	-	282	300
Basis	-	700 ⌐	300 ⌐	720 ⌐ (600 + 120)	(200) ⌐	3.380 ⌐ (3.200+100+80)	
Zuschlagssätze effektiv	-	391 %	604 %	146 %	(300%)	9 %	
normal		400 %	600 %	150 %	(300%)	10 %)	

VII. Kostenträgermethode (Methode 6)

1. Wesen

Bei der Kostenträgermethode wird die Behandlung der innerbetrieblichen Leistungen in Abschnitten vorgenommen.

Zunächst wird der BAB I bis zur Summenzeile I erstellt. Dabei werden nur die Gemeinkosten der Innenleistungen angeführt. Die Einzelkosten der Innenleistungen bleiben unberücksichtigt!

Anschließend werden die Zuschlagssätze der leistenden Stellen (Fertigungsstelle III, Reparaturwerkstatt und Materialbereich) bestimmt.

Danach erfolgt die Kalkulation der von der Fertigungsstelle III und der Reparaturwerkstatt erbrachten innerbetrieblichen Leistungen.

Mit den ermittelten Herstellkosten werden die Fertigungsstellen I und II im BAB I belastet.

Anschließend werden die Zuschlagssätze der empfangenden Stellen errechnet.

Leistende Stelle "Reparaturwerkstatt":

Kosten		Empfangende Fert.-Stelle	
		I	II
FM	100	40	60
MGK (10%)	10	4	6
FL	200	90	110
FGK (300%)	600	270	330
Herstellkosten	910	404	506

Leistende Stelle "Fertigungsstelle III":

Kosten		Empfangende Fert.-Stelle	
		I	II
FM	80	30	50
MGK (10%)	8	3	5
FL	120	40	80
FGK (150%)	180	60	120
Herstellkosten	388	133	255

2. Verrechnung

Beispiel 6: Kostenträgermethode - BAB I

Kostenarten	Zahlen der Buchhaltung	Fertigungs-Bereich			Reparatur-Werkstatt	Material-Bereich	Verw.- und Vertr.-Bereich
		I	II	III			
Hilfslöhne	1.680*	800	300	280	-	100	200
Hilfsmaterial	1.020*	500	350	120	-	-	50
Sonst.Gem.K.	2.800	900	400	650	600	200	50
Summe I	5.500	2.200	1.050	1.050	600	300	300
Kosten:							
Reparaturen	910	404	506	-	-	-	-
Modelle	388	133	255	-	-	-	-
Summe II	6.798	2.737	1.811	1.050	600	300	300
Basis	-	700	300	720	(200)	3.380	
Zuschlagssätze effektiv	-	391 %	604 %	146 %	(300 %)	9 %	
normal	-	400 %	600 %	150 %	(300 %)	10 %	

* ohne Einzelkosten der Innenleistungen

D. Beurteilung der Methoden

I. Die verschiedenen Beispiele haben gezeigt, daß auf eine Erfassung der Kosten der innerbetrieblichen Leistungen nicht verzichtet werden kann, wenn man nicht zu falschen Zuschlagssätzen kommen will. Die Nullmethode ist daher grundsätzlich abzulehnen.
Zu brauchbaren Ergebnissen führt bereits die Einzelkostenmethode. Auf eine Vollkostenrechnung kann somit immer bei Innenleistungen von geringem Wert verzichtet werden.
Für die Abrechnung der Hilfsstellen genügt die Methode der Stellenumlegung. Wenn der Betrieb viele Innenleistungen oder wenige innerbetriebliche Leistungen von hohem Wert erbringt, kann auf die Vollkostenmethode nicht verzichtet werden.

II. Im Rahmen der vorliegenden Darstellung ist nicht eingegangen worden auf die Auflösung etwa bestehender Leistungsverflechtungen durch eine Simultanbehandlung von Gleichungssystemen. Das "mathematische Rechnungsverfahren" macht eine gesonderte Behandlung notwendig.

E. Übung

I. Aufgabe

248 Anhand der folgenden Daten ist die Verrechnung der Kosten der Innenleistungen innerhalb des BAB I

- nach der Einzelkostenmethode in Verbindung mit der Stellenumlegung (Verteilungsschlüssel = Reparaturlöhne),
- in Form des Stellenausgleichs und
- nach der Kostenträgermethode

vorzunehmen.

Gegeben:

1. Einzelkosten der Kundenleistungen

FM	4.100
FL Stelle I	1.500
FL Stelle II	1.800
FL Stelle III	750

2. Übersicht über erfolgte Innenleistungen

Leistungsart	Leistende Stelle	Kosten	Empfangende Stellen	
			I	II
Reparaturen	Rep.-Werkstatt	FM 150	100	50
		FL 250	150	100
Modelle	Fert.-Stelle III	FM 200	100	100
		FL 450	200	250

3. Normal-Gemeinkosten-Zuschläge

Hilfskostenstelle Reparaturwerkstatt	150% (Basis FL)
Hauptkostenstelle Fertigung I	250% (Basis FL)
Hauptkostenstelle Fertigung II	170% (Basis FL)
Hauptkostenstelle Fertigung III	200% (Basis FL)
Hauptkostenstelle Materialbereich	10% (Basis FM)

4. BAB I – Nullmethode

Kostenarten	Zahlen der Buchhaltung	Fertigungs-Bereich I	II	III	Reparatur-Werkstatt	Material-Bereich	Verw.- und Vertr.-Ber.
Hilfslöhne	4.000	1.200	1.050	1.200	250	200	100
Hilfsmaterial	2.000	600	400	500	150	150	200
Sonst.Gem.K.	3.000	700	400	1.400	375	125	–
Summe	9.000	2.500	1.850	3.100	775	475	300
Zuschl.-Basis	–	1.500	1.800	750	–	4.100	
effektiver Zuschlagssatz	–	166,6%	102,7%	413,3%	–	11,5 %	

II Lösung:

1. Einzelkostenmethode mit anschließender Stellenumlegung

Kostenarten	Zahlen der Buchhaltung	Fertigungs-Bereich I	II	III	Reparatur-Werkstatt	Material-Bereich	Verw.- und Vertr.-Ber.
Hilfslöhne	4.000	1.200 350	1.050 350	1.200	–	200	100
Hilfsmaterial	2.000	600 200	400 150	300	–	150	200
Sonst.Gem.K.	3.000	700	400	1.400	375	125	–
Summe I	9.000	3.050	2.350	2.450	375	475	300
Zuschl.-Basis	–	1.500	1.800	750		4.100	
effektiver Zuschlagssatz	–	203,3%	130,5%	326,6%		11,5 %	
Summe I	9.000	3.050	2.350	2.450	375	475	300
Umlegung der Reparatur-kosten	–	+ 225	+ 150	–	– 375	–	–
Summe II	9.000	3.275	2.500	2.450	–	475	300
Zuschl.-Basis	–	1.500	1.800	750	–	4.100	
effektiver Zuschlagssatz	–	218,3%	138,8%	326,6%	–	11,5%	

2. Stellenausgleich

Kostenarten	Zahlen der Buchhaltung	Fertigungs-Bereich			Reparatur-Werkstatt	Material-Bereich	Verw.- und Vertr.-Ber.
		I	II	III			
Einzelk.-meth. Summe I	9.000	3.050	2.350	2.450	375	475	300
Stellen-ausgleich: Belastungen	–	+ 10 + 10 + 225 + 400	+ 5 + 10 + 150 + 500	–	–	–	–
Gutschriften	–	–	–	./. 900	./. 375	./. 15 ./. 20	
Summe II	9.000	3.695	3.015	1.550	–	440	300
Zuschl.-Basis	–	1.500	1.800	750+450 = 1.200	(250)	4.100+350 = 4.450	–
Zuschlagssatz effektiv	–	246,3%	167,5%	204,1%	(150%)	10,6%	–
normal	–	250%	170%	200%	(150%)	10%	–

3. Kostenträgermethode

		Empfangende Stelle	
		I	II
Reparaturwerkstatt	FM	100	50
	MGK (10%)	10	5
	FL	150	100
	FGK (150%)	225	150
	HK	485	305
Fertigungsstelle	FM	100	100
	MGK (10%)	10	10
	FL	200	250
	FGK (200%)	400	500
	HK	710	860

Kostenarten	Zahlen der Buchhaltung	Fertigungs-Bereich			Reparatur-Werkstatt	Material-Bereich	Verw.- und Vertr.-Ber.
		I	II	III			
Hilfslöhne	4.000 ./. 700 = 3.300	1.200	1.050	1.200 ./. 450 = 750	250 ./. 250 = –	200	100
Hilfsmaterial	2.000 ./. 350 = 1.650	600	400	500 ./. 200 = 300	150 ./. 150 = –	150	200
Sonst.Gem.K.	3.000	700	400	1.400	375	125	–
Summe I	7.950	2.500	1.850	2.450	375	475	300
Kosten: Reparaturen Modelle	790 1.570	485 710	305 860	– –	– –	– –	– –
Summe II	10.310	3.695	3.015	2.450	375	475	300
Zuschl.-Basis	–	1.500	1.800	1.200	250	4.450	–
effektiver Zuschlagssatz	–	246,3%	167,5%	204,1%	(150%)	10,6 %	–

Abbildungsverzeichnis

Textziffer

Beziehungen zwischen Kostencharakter und Beschäftigungsänderung	2
Verlauf der Kosten	8
Regressive Kosten	9
Kostenverlauf im Bereich der in Anspruch genommenen Kapazität	15
Degressive Kosten	18
Progressive Kosten	18
Beschäftigungszuwachs/Kostenzuwachs	23
Streupunktdiagramm	26
Bestimmung des Variators	35
Gliederung der gesamten Maschinenzeit	62
Erzeugerpreisindizes	68
Multiplikatorentabelle	70
Summenkurve der kalk. Abschreibung bei ursprünglicher Überschätzung der Nutzungsdauer	73
Summenkurve der kalk. Abschreibung bei ursprünglicher Unterschätzung der Nutzungsdauer	74
Feststellung des durch die Maschine gebundenen Kapitals bei $R = 0$	76
Feststellung des durch die Maschine gebundenen Kapitals bei $R > 0$	76
Feststellung der Zahl der Standzeiten	89
Betriebsabrechnungsbogen (MSR)	107
Regelkreis	120
Stellenkostenplan	149
Betriebsabrechnungsbogen (PKR)	162
Abhängigkeit der Plankosten von der Beschäftigung	177
Abweichungen	177
Zwei-Abweichungs-Methode	187
Drei-Abweichungs-Methode	188
Deckungsbeitragsrechnung	196
Gewinnschwellendiagramm	199
Erfolgsermittlung	206
Fixkostendeckungsrechnung	218

Abkürzungsverzeichnis

a	fixe Kosten/Zeitabschnitt
A	Anschaffungskosten
Ab	Beschäftigungsabweichung
AB	Anfangsbestand
Ai	Intensitätsabweichung
Am	Mengenabweichung
Ap	Preisabweichung
Av	Verbrauchsabweichung
b	proportionale Kosten/Beschäftigungseinheit
BAB	Betriebsabrechnungsbogen
BE	Betriebsergebnis
BG	Bezugsgröße
Bi	Istbeschäftigung
Bp	Planbeschäftigung
Bs	Sollbeschäftigung
d	Einheitsdifferentialkosten
DB	Deckungsbeitrag
DBR	Deckungsbeitragsrechnung
E	Erzeugniseinheit
F	Fixkosten
FDR	Fixkostendeckungsrechnung
FGK	Fertigungsgemeinkosten
FL	Fertigungslohnkosten
FM	Fertigungsmaterialkosten
FStd.	Fertigungsstunde
g	prozentuale Beschäftigungsänderung
HK	Herstellungskosten
IBG	Ist-Bezugsgröße
k	prozentuale Kostenänderung
kalk.	kalkulatorische
kg	Kilogramm
kWh	Kilowattstunde
K	Gesamtkosten
Ki	Istkosten
Kp	Basisplankosten
Ks	Sollkosten
Kv	Verrechnete Kosten
LE	Leistungseinheit
mak	maschinenabhängige FGK
ME	Mengeneinheit
MGK	Materialgemeinkosten
MS	Maschinenstundensatz
MSR	Maschinenstundensatz-Rechnung

MStd.	Maschinenstunde
p	Zinssatz
P	Proportionalkosten
PBG	Plan-Bezugsgröße
PKR	Plankostenrechnung
PKS	Plankostensatz
PpKS	Proportionalkostensatz
r	Reagibilitätsgrad
R	Restwert
R-FGK	Rest-Fertigungsgemeinkosten
SB	Schlußbestand
SBG	Soll-Bezugsgröße
SK	Selbstkosten
u	Abweichungen der Ist-Stunden/Monat von den durchschnittlichen Stunden/Monat
v	Abweichungen der Ist-Kosten/Monat von den durchschnittlichen Kosten/Monat
V	Variator
VKR	Vollkostenrechnung
VTGK	Vertriebsgemeinkosten
VWGK	Verwaltungsgemeinkosten
W	Wiederbeschaffungswert
x	Beschäftigungsmenge
ZG	Zeitgrad

Literaturverzeichnis

Adam/Roppert	Betriebliche Leistungsverrechnungen, Würzburg 1962.
Agthe, K.	Kostenplanung und Kostenkontrolle im Industriebetrieb, Baden-Baden 1963.
Andreas/Reichle	Das Rechnen mit Maschinenstundensätzen, Frankfurt/M. 1987.
Behrendt, D.	Erfolgreich mit Deckungsbeitragsrechnung, Köln-Braunsfeld 1980.
Däumler/Grabe	Deckungsbeitragsrechnung, Herne 1991.
ders.	Plankostenrechnung, Herne/Berlin 1988.
Ebert, G.	Kosten- und Leistungsrechnung, Wiesbaden 1991.
Eisele, W.	Technik des betrieblichen Rechnungswesen, München 1980.
Gau, E.	Praxis der Kosten- und Leistungsrechnung, Freiburg 1981.
Giesen, H.	Plankostenrechnung Bd. 1: Theorie, Köln 1976 Bd. 2: Technik der Kostenplanung, Köln 1977 Bd. 3: Aufgaben und Lösungen, Köln 1980
Goetzinger, M.K.	Kosten- und Leistungsrechnung, Heidelberg 1988.
Graff/Kargl/v. Unger	Einführung in die Methodik der Plankostenrechnung, Wiesbaden 1971.
Gretz, W.	Mit Deckungsbeiträgen kalkulieren, Fachinformation des RKW, Frankfurt/M. o.J.
Haberstock, L.	(Grenz-) Plankostenrechnung, Wiesbaden 1988.
Hans, L.	Planung und Plankostenrechnung in Betrieben mit Selbstkostenpreis-Erzeugnissen, Saarbrücken 1984.
Hartmann, B.	Die Erfassung und Verrechnung innerbetrieblicher Leistungen, Wiesbaden 1956.
Kilger, W.	Flexible Plankostenrechnung und Deckungsbeitragsrechnung, Wiesbaden 1988.
Kleineidam/Obenhaus	Kostenrechnung, Bielefeld 1980.
Klümper, P.	Grundlagen der Kostenrechnung, Herne/Berlin 1990.
Kosiol, E.	Anlagenrechnung, Theorie und Praxis der Abschreibungen, Wiesbaden 1955.

ders.	Verrechnung innerbetrieblicher Leistungen, Wiesbaden 1959.
Lackes, R.	EDV-orientiertes Kosteninformationssyste: flexible Plankostenrechnung und neue Technologie, Wiesbaden 1989.
Loos, G.	Betriebsabrechnung und Kalkulation, Herne/Berlin 1990.
Luke, W.R.	Die Ermittlung kalkulatorischer Abschreibungen von Maschinen und maschinellen Anlagen, Berlin 1971.
Matz, A.	Planung und Kontrolle von Kosten und Gewinn, Wiesbaden 1964.
Maurer, C.	Standardkosten- und Deckungsbeitragsrechnung in Zuliefererbetrieben des Maschinenbaus, Darmstadt 1980.
Mellerowicz, K.	Neuzeitliche Kalkulationsverfahren, Freiburg 1977.
ders.	Kosten und Kostenrechnung, Bd. I, Berlin 1973.
ders.	Kosten und Kostenrechnung, BD. II 1, Berlin 1966.
ders.	Kosten und Kostenrechnung, Bd. II 2, Berlin 1980.
ders.	Planung und Plankostenrechnung, Bd. II: Plankostenrechnung, Freiburg 1972.
Moews, D.	Kosten- und Leistungsrechnung, München/Wien 1986.
Olfert, K.	Kostenrechnung, Ludwigshafen 1987.
Reichle/Andreas	Deckungsbeitragsrechnung im Maschinenbau, Frankfurt/M. 1984.
Riebel, P.	Einzelkosten- und Deckungsbeitragsrechnung, Opladen 1990.
Roth, W.	Deckungsbeitragsrechnung - Mittel zur wirtschaftlichen Sortimentsgestaltung, Berlin 1972.
Scheer, A.W.	Grenzplankostenrechnung, Wiesbaden 1991.
Scherrer, G.	Kostenrechnung, Stuttgart 1989.
Scholl, H.J.	Fixkostenorientierte Plankostenrechnung, Würzburg 1981.
Schweitzer/Küpper	Systeme der Kostenrechnung, München 1986.
Stadler/Toth	Angewandte Deckungsbeitragsrechnung im Konzern, Berlin 1974.
Torspecken/Michel	Neuere Formen der Kostenrechnung, München/Wien 1986.
VDI	Richtlinie 3258, Blatt 1 und Blatt 2, Kostenrechnung mit Maschinenstundensätzen.
VDMA	Das Rechnen mit Maschinenstundensätzen, Frankfurt/M. 1987.
ders.	Statistisches Handbuch für den Maschinenbau, Frankfurt/M. 1992.

Vormbaum/Rautenberg	Plankostenrechnung, Baden-Baden 1985.
Wenz, E.	Kosten- und Leistungsrechnung, Herne/Berlin 1992.
Wilkens, K.	Kosten- und Leistungsrechnung, München/Wien 1988.
Witthoff, J.	Der kalkulatorische Verfahrensvergleich, München 1960.

Stichwortverzeichnis

(Die Zahlen verweisen auf die Ziffern am Rande des Textes)

Abbaufähigkeit 222
Abnutzung 69
Abschreibung, kalk. 71 ff.
Abweichung
- Beschäftigungs- 169, 175
- Intensitäts- 185, 188
- Mengen- 175
- Preis- 160
- Übersicht 177
- Verbrauchs- 157, 175
Abweichungsanalyse 119, 176
Achsenabschnitt 4
Äquivalenzziffernrechnung 139, 225
Altern 69
Anlagenwagnis 75
Anschaffungskostenminderung 67
Anschaffungsnebenkosten 67
Anschaffungspreis 67
Anspannungsgrad 144 ff., 164
Arbeitsplanung 61
Aufarbeitung 88
Auslastung 65
Ausnutzungsgrad 38 f., 86

Basisplankosten 148, 172
Beschäftigungsabweichung 169, 175, 183
Beschäftigungsänderung 2 ff., 11, 16, 35, 38
Beschäftigungsgrad 13
Beschäftigungszuwachs 23
Betriebsabrechnungsbogen 107, 161 f.
Bezugsgröße 136 ff.
Blockkostenrechnung 196
Break-even point 199, 213
Bruttoerfolgsspanne 200 f., 213
Bruttogewinn 196
Buchführung 170 f.
Budgetkosten 130

Charakteränderung 18
Controlling 110

Deckungsbeitrag 197 ff.
Differenzkosten 22
Drei-Abweichungs-Methode 188

Einheitsdifferentialkosten 23
Einzelkostenmethode 238 f.
Energiekosten 84 ff.
Engpaß 105
Ertrag, fixer 7
Erzeugerpreisindizes 68

Fehlkontierungen 12
Fertigungsgemeinkosten 109, 151, 206 f.
Fertigungskosten 109
Fertigungslohnkosten 56, 58, 109, 164
Fertigungsmaterialkosten 163
Fixkosten 4
Fixkostensatz 165
Fixkostenschichten 217
Fremdkapital 77

Gebäudekategorie 80
Gebrauchsverschleiß 101
Genauigkeitsgrad 15
Gesamtanschaffungswert 67
Gewinneignung 205
Gewinnschwellendiagramm 199
Grenzkosten 23, 208
Gruppengemeinkosten 228
Gruppensatz 56

Handelsware 105
Herstellkosten 207
Hilfszeit 62

Innenleistungen 230 ff.
Innentransport 79
Instandhaltungskosten 69, 81 ff.
Instandhaltungszeit 62, 89
Intensitätsabweichung 188
Istkosten 156

Kapazität 103, 133 ff.
Kapitalbindung 76

Kalkulation 47 ff., 109, 164 ff., 210 ff., 219 ff.
Kontrolle 118, 162
Koordinierung 117
Kosten
- degressive 8, 18
- fixe 4
- lineare 8
- progressive 8, 18
- proportionale 5
- regressive 9
- sprunghafte 8
- überproportionale 7
- unterproportionale 6
- variable 3
Kostenauflösung 1, 10 ff.
Kostenbereinigung 12
Kostencharakter 2 ff.
Kostenplanung 13
Kostenstellen 60, 124 f.
Kostenstellenrechnung 148 ff., 173, 181 f.
Kostenträgermethode 245 f.
Kostenträgerrechnung 163 ff., 174, 179 f.
Kostenverlauf 8 ff.
Kühlmittelkosten 94

Lastlaufzeit 62
Leerlaufzeit 62
Leistungen 231
Leistungslohnsystem 95 f.
Leistungsumfang 131 ff., 148
Liquidität 221

Maschinenbelegung 110 ff., 114
Maschinengruppe 57
Maschinenzeit 62
Materialgemeinkosten 151, 225
Meisterschaft 109, 227
Mengenabweichung 175
Minimumsektor 131
Multiplikatoren 70

Nullmethode 234 f.
Nutzungsdauer 69 f., 72
Nutzungszeit 62 ff.

Planbeschäftigung 131 ff., 178 ff.
Plandaten 121
Plankosten 13, 126 ff., 174
Plankostensatz 149, 151
Planmenge 129
Planpreis 129, 158
Plansatz 54
Planung 116
Planungssystem 120
Preisabweichung 160
Preisbereinigung 12
Preiserwartung 66
Preisindizes 68
Preispolitik 103
Preisvergleich 68
Produktionsprogramm 103 f., 205
Proportionalität 5, 137
Proportionalkostensatz 165
Prozeßkostenrechnung 57, 228

Raumbedarf 79
Raumkosten 78 ff.
Reagibilitätsgrad 17, 20 f., 34 f., 38, 46
Regelkreis 120
Reingewinn 206 f.
Rest-Fertigungsgemeinkosten 51, 58 f.
Restwert 71, 76, 88
Rohgewinn 206
Rüstzeit 62
Ruhezeit 62

Schmiermittelkosten 44
Selbstkosten 167
Sollausnutzungsgrad 153, 160, 182
Sollkosten 152 ff., 181
Soll-Maschinenzeit 62
Spezialmaschinen 65
Standzeit 89
Standardsatz 54
Steigungsmaß 5
Stellenausgleich 243 f.
Stellenkostenplan 148 f.
Stellenumlegung 236 f.
Streupunktdiagramm 26
Stückzeit 62

Unwirtschaftlichkeiten 12

Variator 35, 39, 46
Verantwortungsbereich 125
Verbrauchsabweichung 157, 161, 175, 184
Verbrauchszeit 95
Verrechnete Kosten 168
Verrechnungspreis 12, 158
Verschleiß 101
Versicherungskosten 94
Vertriebsgemeinkosten 151, 228
Verwaltungsgemeinkosten 151, 226
Vollkostenrechnung 193 ff., 206
Vorgabekosten 126 ff.
Vorgabezeit 95
Vorrichtungen 87

Wagnis 73 ff.
Werkzeugkosten 87 ff.
Wiederbeschaffungswert 66 ff., 72

Zeitgrad 96
Zeitverschleiß 101
Zins, kalk. 76 ff.
Zuschlagsbasis 47
Zuschlagskalkulation 47 f.
Zuschlagssatz 47, 109, 149
Zwei-Abweichungs-Methode 187
Zweischichtbetrieb 100 ff.